华夏文库·民俗书系

龙山道影
西山万寿宫旧俗

陶 江 著

中原传媒　中州古籍出版社

《华夏文库》发凡

毫无疑问，每一个时代都有属于自己时代的精神追求、文化叩问与出版理想。我们不禁要问，在 21 世纪初叶，在全球文明交融的今天，在信息文明的发轫初期，作为一个中国出版人，我们正在或者将要追求什么？我们能够成就或奉献什么？我们以何种方式参与全球化时代的文化传播进程？在一连串的追问下，于是，有了这套《华夏文库》的出版。

自信才能交融。世界各大文明在坚守自身文化个性的同时，不约而同地加快了探视其他文化精神内涵的步伐，世界不同文明正在朝着了解、交流、碰撞、借鉴与融合的方向前进。在此背景下，建立自身的文化自信，正是与世界各文明民族进行文化交流的基本要求。五千年中华文明与文化正在不断地被其他文明所发现、所挖掘、所认知，汉语言正在生长为世界语言，儒文化正在世界各地落根发芽。

借助这样一种正在成长着的文化自信、自觉、开放、亲和之力，用我们这个时代的学术眼光全面系统梳理中华五千年的文明与文化，向其他各大文明与文化圈正面展示自我，让中华优秀文化成为世界文化的重要组成部分，正是我们出版这套文库的目的之一。此其一。

知己才能知彼。身处五千年文化浸润的今天，重新思考我们先人的人生思考、价值思考与哲学思考，找到一个民族、一个国家的价值所在、立命所在、安身所在，这已经是我们这个时代的学人与出版人不得不再思考的问题。作为中华文明的一分子，我们在思考的同时，还必须了解我们的先人创造了如何优秀的精神文明与物质文明以及社会文明。只有熟知自己的文化，热爱自己的文化，悟明自己的文化，我们才能宣说自己、弘扬自己、光大自己。因此，我们策划组织这套《华夏文库》的初衷，还在于让当下的知识青年全面系统瞭望中华文明与文化的全景，并借此能够对更为深广的世界各民族文化提供一个比较认知的基础。此其二。

顺势才能有为。我们正处在农耕文明、工业文明、信息文明的交汇处，信息文明带领我们从读纸时代进入读屏时代，以智能手机屏幕为代表的书籍呈现方式正在与纸质书籍争夺阅读时间与空间。我们正在领悟数字技术，正在以信息文明的视角，去整理、分析和研究农耕文明与工业文明的文化遗产，不仅仅是为了唤醒优秀的传统文化，我们还在生发和原创着当今时代的文化。由此，我们试图架起一座桥梁——由纸质呈现而数字呈现，由数字呈现而纸质呈现，以多媒介的书籍呈现方式，将文字、图像、声音与视频四者结合，共同筑成《华夏文库》以奉献给信息文明时代的新读者。此其三。

总之，这是一套——专家大家名家写小书；以最小的阅读单元，原创撰写中华精神文化、物质文化与社会文明系列主题与专题；以图文、音视频多媒介呈现的方式，全面介绍与传播中华文明与优秀文化，系统普及与推介中华文明与文化知识；主旨是为了让世界与中国共同了解中国的——大型丛书。借此，复兴文化，唤起精神，融入世界。

耿相新

2013 年 6 月 27 日

《华夏文库·民俗书系》序

《民俗书系》是中原出版传媒集团一项浩大工程《华夏文库》的一个重要组成部分,分为十个系列:生产贸易民俗系列,衣食住行民俗系列,社会家庭民俗系列,人生仪礼民俗系列,生态、科技民俗系列,信仰民俗系列,岁时节令民俗系列,语言文学民俗系列,民间游乐民俗系列和民间艺术系列,涉及民俗文化的所有方面。这是一套具有相当规模的民俗类丛书。第一期约300本,每个省、自治区、直辖市10本左右。以后还有第二期、第三期。从数量上看,这套书在民俗文化呈现的广度方面是前所未有的。

有规模,成体系,才能产生深刻而广泛的社会效应。就民俗文化而言,一两本书,做得再精致,影响也是有限的。只有达到一定规模,才能全面、系统而又细致地展现中国各民族各地区丰富灿烂的民俗文化。中国幅员广阔、民族众多,以往有关民俗文化的呈现多是局部的,有很大的局限性,而《民俗书系》是对中华各民族民俗文化全方位的展示,超越了已出版的任何一套民俗丛书。这有助于对中华各民族民俗文化进行整体观照,多向度地把握、理解和享用中华各民族民俗文化。

十个系列仅仅是给定了民俗文库选题的范围和领域,而每本书的选题要求主要体现在两个方面。一是强调具体和细微。选题越具体越好,越细微越好。以往民俗文化方面的书,选题都比较大,侧重在"面"

上,而《民俗书系》的选题,侧重在"点"上。譬如中国民居方面的选题,以往即为中国民居,如陕北窑洞、蒙古包、客家民居、北京四合院等等,我们这套书要求选题更为具体,诸如门、床、窗、影壁、屋脊、砖雕、上梁仪式、天井等等。选题越具体、越集中,越能书写得深入,越能说得透彻,从不同方面把这一指向范围细微的"事象"的表现形式、过程、内涵阐述清楚。一个选题,仅涉及一个方面的话题或事物,全书就围绕一个具体的民俗"事象"集中笔墨展开阐述。

二是强调地域性。选择具有地方特色的民俗文化。选题不避偏,即便是不为外界所知的民俗文化"事象",也可以作为选题。这样的选题纳入整套书系之中,其所描述的对象就成为整个中华民族民间文化体系中的一部分,具有不可替代的位置。通过这套文库的出版,将这一原本影响不大的民俗文化"事象"推向全国,乃至世界。此处的地域是具体的,不是覆盖整个省,甚至大片地区和流域,而是局限于某一市县、某一城镇、某一村落。写一个具体地方的某一具体的民俗"事象",民俗"事象"所流传的范围是明确的。当然,也有的以一个地方的某一民俗"事象"为书写中心,适当涉及其他地方相同的民俗"事象",包括引用其起源、历史发展脉络和内涵分析等方面的相关资料,采用了以点带面的叙述范式。也有的通过图片的方式,连接其他地方同一民俗文化"事象",做一些适当比较。

在这两点要求的基础上,这套民俗书系的选题是开放性的,面向中华各民族的广袤大地和民俗文化的汪洋大海。

《民俗书系》中的每本书字数在6万~7万,配有多幅图。根据选题本身的特点选择不同的写作角度和呈现方式,甚至有的以图为主,文字只是起到辅助、说明的作用。也有的以一个故事或传说为引导,再进入民俗"事象"本身,展开层层阐述。每本书的结构简洁而又灵活,便于作者把握和读者阅读。在述与论的关系方面,以"述"为主,"述"是全书主要的行文方式和表现主体;以"论"为辅,富有层次地清晰演示特定民俗"事象"的表现形态及其现状和历史,说明其深厚的文化内涵,提供其社会及文化背景。每幅图片都有比较翔实的说明,诸如图片中的人是谁,都在干什么,主要景观和物品的名称、含义,画面属于仪式过程的哪个环节等。图片不是配图,不是为了美观,而是整本书的有机组成部分。

这套《民俗书系》追求一种原生态写作境界。这里的原生态,就是强调民俗表达的原汁原味。所使用的文字素材和图片基本上是作者自己采集到的第一手资料,夯实了全书的所有内容。这套书系的作者绝大多数不是学者或专业研究人员,而是地方文化精英,是地方民间文化传统的积极传承者。作者就是当地人,对这一选题或这一民俗"事象"最为熟悉,而且反复经历和参与过这一民俗活动,最了解这一民俗活动,并具有一定的书面语言表达能力,是最适合写这本书的人。作者对这一选题有比较丰富的资料积累和信息储备,是这一选题的代言人和权威,而书的出版更是对作者权威地位的认定。这套书系的价值主要不是学术上的,不是理论方法方面的,而是发掘地方民俗文化资源,真实、客观地再现了民俗文化,展示了民俗文化本身具有的文化魅力和现实意义。这套书系可称之为原生态民俗书系。

《民俗书系》编纂和出版的动机是宏伟的,具有高远的历史文化志向和神圣的现实责任感。这一浩大工程值得您的期待,更值得您的关注。

万建中
2015 年 1 月 20 日于京师园

序

江西西山万寿宫是一座千年宫观。古柏参天,掩映着飞檐翘角,写就了净明道的厚重历史岁月,也留下了众多的香火道俗。

西山万寿宫是道教三十八福地十二洞天的净明道祖庭。民间有句俗语:千年道观百年人,驮囊挂袋走金银。自晋代以来,这里的道教宫观就在道人侍弄的香火中,诉说着岁月的兴衰,演奏着命运的交响曲,让各种道俗及民间乡俗遍撒四方。

万寿宫道俗,在悠久的传承中,在历史的时光隧道中,按照净明道的理论教化民众,不少理性的成果转化为民间的行为习性,转化为普通民众所能接受的生活行为习惯。民众的自觉行为和普遍参与,使道俗逐渐与乡俗融通。人们乞求福主保佑,希望神的力量能为其带来好运、好兆头。神祇与福主的呵护使乡村百姓谨守地方风化,安居乐业,和谐相处。大家在俗规的约束下,生活、劳作、生育、娱乐,在启智通愚中走向一条光明之路。道俗的力量锻炼了人们的意志,提高了人们抵御灾害的信心,增强了坦然面对生活的勇气。有福事则庆之,有喜事则贺之,有禄事则敬之,有寿事则拜之,平民百姓的生活因而变得丰富多彩。

自古以来，江西人有句名言：天下江西人是一家。有江西人足迹的地方就有万寿宫的出现，有江西人足迹的地方就有万寿宫道俗的出现。渐渐地，万寿宫成了江西人对外传达江西声音的重要途径。说到万寿宫道俗的播扬，民间有个故事。据说许逊和其哥哥许大为了救民于水火，经常用独轮车推着大米前往各地布施。有一次，大米袋在坎坷不平的道路上破裂了，大米撒了一地。这些大米随即飞扬开来，将许逊的布施意念和道俗撒向人间，于是全国各地的信众处处为其立生祠，家家为其塑神像。许逊及其弟子以净明道点化众生，为后人留下了一份宝贵的精神遗产。

千百年来，万寿宫道俗成为江西人走出封闭和保守的代步车。万寿宫有严格的道规，这些道规都是约定俗成的。只要兴建宫观，必须遵循以下规定：一是不得营私舞弊；二是不得聚众邀赌；三是不得苛求百姓；四是不得仗势欺人；五是不得酿酒猜令；六是不得欺男霸女；七是不得亵渎香火；八是不得有辱福主。净明道有垂世八宝：忠、孝、廉、慎、谨、宽、裕、忍，这八宝成了万寿宫律己授人的信条。

西山万寿宫这里，有一乡俗叫割瓜。每年瓜果飘香的季节，这里的瓜田绵延百里，路过的人吃瓜分文不收。而村子里的少年，到了成人阶段，也就是进入青春期后，家里的长辈都会在一个约定俗成、瓜熟蒂落的日子，鼓励自家的子孙在天蒙蒙亮时去别家的瓜田摸一次瓜。按规矩，每人只能挑一个自己中意的瓜。天亮后，村子里的人敲着奉神鼓，拥着这些孩子，来到万寿宫福主菩萨的塑像前，当场开瓜，如果瓜是熟的，当即三跪九叩，拜谢福主菩萨，喝血酒，跟随万寿宫的道士云游天下，或者随着村子里经商的富绅一道前往外地游方经商。人们背着行囊，肩负先辈的重托，出外谋生活，将万寿宫旧俗一代代传承下去。民间有句俗语形容万寿宫：路上不断人，灶间不断火。散布在全国各地的万寿宫宫里人头攒动，万寿宫因之在全国各地发声唱响，万寿宫旧俗也因此得以传承久远。

几十年来，我穷尽心力，搜集这些道俗与乡俗，沉积于案头，只是想给后来者留下一份记录。因为这些道俗、乡俗有不少已经渐渐在民间消失，对其归纳整理，可以凸显其历史意义。

香火鼎盛而奢侈的万寿宫，山门豪华，雍容大气。宫殿庄重肃穆、森严显赫，宫内仙风道气飞扬，梵音暮鼓激荡。宫后戏台上，道伎载歌载舞，乡音妙曲穿透游子的心肺，派生出乡恋、乡愁，让多少商贾巨子、文人墨客热泪盈眶！

万寿宫旧俗是散发着馨香的别致乡愁！

目录

一 万寿宫史话

1 地理特征 ·· 3

2 历史渊源 ·· 4

二 万寿宫遗迹

1 九龙山 ·· 11

2 喻嘉言墓 ·· 12

3 古驿道 ·· 14

4 落瓦 ·· 15

5 响石山 ·· 17

6 杨家寨 ·· 19

7 黄堂宫 ·· 20

三　万寿宫道俗

1　破血湖城 …… 22
2　请神、迎神、送神 …… 34
3　做花朝　朝觐 …… 39
4　盘门舞 …… 40
5　地戏 …… 51
6　天官赐福 …… 54
7　社火 …… 61
8　喝血酒 …… 67
9　庙会 …… 68
10　香社 …… 71
11　割瓜 …… 73

四　万寿宫乡俗

1　节日习俗 …… 75
2　婚嫁习俗 …… 108
3　生辰习俗 …… 119
4　民间娱乐 …… 133

5	做屋上梁	143
6	生活习俗	152
7	生产习俗	158
8	故事传说	167

后记 178

一 万寿宫史话

江西省新建县（2015年8月改为南昌市新建区，为叙述方便，以下均称新建县）历史悠久，为千年古县。宋太平兴国六年（981），南昌西北境16乡新立一县，名曰新建。自古以来，新建县就有"府县同治"、负郭之山邑、其地衡繁的说法，是距省会南昌最近的一个县。新建县"地兼山水之胜，鱼米之利，物产丰饶"。新建县有一山（西山）、一水（鄱阳湖）、两江（赣江、锦江），特有的山水新貌为其留下了十分丰富的旅游资源，形成了颇具特色的"四色"旅游：红色（小平小道旧址）、绿色（梦山风景区、溪霞风景区、象山森林公园、上天峰景区、桃花岭景区）、古色（西山万寿宫、松湖黄堂宫、石埠宁王朱权墓、昌邑王城、大塘坪江南豪宅汪山土库、紫金城遗址）、特色（厚田沙漠、昌邑鄱阳湖湿地候鸟保护区、南矶山湿地国家级自然保护区）。全县几乎每个乡镇都有旅游景点。

西山镇是道教文化的发源地，为道教的十二洞天、三十八福地。西山镇的主要历史文化遗存有：西山万寿宫及明清时期名医喻昌（嘉言）墓；农耕文化时期江南通往京城的古驿道；充满神奇色彩而又十分神秘的九龙山风景区；郁郁葱葱的白岭山风景区；因许逊升天时房舍上落下瓦片而得名的落瓦古街；日军占领时期的言家岭炮台群；宋代名将杨六郎留下的古迹杨家寨；独具特色的英山古墓；群力熊家土库；乌石饶家土库；历史上道教净明道的炼丹处——响石山等。中央电视台一套综合频道和七套军事农业频道都曾在节目中对西山镇的道教文化做过介绍。

1 地理特征

西山镇地处南昌西郊、西山山脉南端,历史悠久。西山镇古木参天,翠竹遍布,郁郁葱葱,绿意盎然。古街、古村、古遗址、古建筑,鳞次栉比,禅意深蕴;净明道发祥地,道意悠扬。朝觐香客,梵音暮鼓。

江西南昌新建县西山镇位于南昌市西北,素有南昌"西大门"之称。镇区中心有江南著名道教圣地——西山万寿宫。沪昆高速、昌樟高速、320国道、省道、县道穿越镇区,全镇区位优越,交通便利。

2　历史渊源

西山万寿宫，始于其行宗立派人物——许逊，是道教净明道派的发祥地。

许逊（239～374），字敬之，南昌县（今属江西）人，祖籍汝南（今属河南）。父亲许肃，本是东汉末年的一名小官吏，不屑于当时外戚和宦官争权夺利，国事日非、战事频繁、社会动荡，便举家南移，携家人迁徙南昌，安身立命隐居不仕。许逊在赤乌二年（239）生于南昌长定乡益塘坡。他生性聪明，姿容秀伟，孝悌忠长。五岁入学读书，十岁便能通经书大意，且精通经、史、天文、地理和阴阳五行的学说，尤喜好道家修炼的法术。随后他又遍访名山，拜师问祖，平日以修炼为事，不求闻达，并以孝、悌、忠、信教化周围的百姓，得到乡亲的尊重。

二十六岁时，许逊前往长安（今陕西西安）拜吴猛为师，尽得秘传。又与文学家兼地理学家郭璞为友，吟诗作赋，访求名山胜地。最后他选择西山金姓的住宅——桐园，作为自己的栖身隐居之所。相传，许逊母亲去世后，许逊为了找一块上佳墓地，四处寻山访水，最后来到西山山脉南端的桐园，见此地风水极妙，于是将母亲安葬于此。随后不久,他又举家动迁,在墓地不远处栖身立命。

许逊曾两次被乡里推举为孝廉,但他都没有接受。晋武帝太康元年(280)许逊四十二岁时,因"朝廷屡加礼命,难以推辞",离开西山老家,前往旌阳就任县令。许逊刚到任便约法三章:一是忌徇私舞弊、贪赃枉法;二是革除繁文缛节,提高办事效率;三是不准苛求百姓,释放轻罪罪犯。这些措施都得到了老百姓的称颂。

到了太熙元年(290),许逊任旌阳县令已将近十年,他深感晋室将乱,国事不可为,便毅然挂冠东归。当地人民感恩,处处为其立生祠,家家为其塑像。还有许多人不远千里跋涉,来到西山许逊的家里,在许逊住宅的东边搭起几座草屋定居。后来,这些人将自己原来的姓氏改为许。后人便称这里为许家营。许逊回到家乡后,南昌正值水患连连,他又带领百姓治水。十多年间,他的足迹遍布浔阳、都昌、鄱阳、湖口、余干、武宁、奉新、丰城、进贤、南昌、长沙等地,消弭水患,兴修水利,甚至斩杀翻云覆雨、兴风作浪、为害人民的蛟螭。许逊被附会成了仗剑布阵、擒斩孽蛟、法力无边的神奇人物。经过一千多年的传扬,历代统治者为逃避自己的罪责,把因横征暴敛、贪赃舞弊、政治黑暗带来的人祸、天灾和疫病归咎于所谓"妖孽为患",以平息群众的反抗怒潮。如此这般,许逊便被附会成一个充满神话传奇色彩的道长神仙。

许逊一生中为百姓做了不少好事。许逊于东晋孝武帝宁康二年(374)逝世,终年一百三十六岁。他一生遵守"忠、孝、仁、慈、忍、慎、勤、俭"八个字,著有《灵剑子》等书及《劝诫诗》十首。为了永久纪念他的恩泽,后人在桐园故宅上建筑起一座许仙祠,也就是西山万寿宫的前身,并在祠前掘了一口铁柱井,并将许逊逝世的日子定为升仙日。

晋代的许仙祠,到南北朝时改名为游帷观。据《逍遥山万寿宫志》记载:"相传真君尝以五色帷施黄堂谌母祠,及仙去,锦帷飞还,旋绕故宅之上，因立观名游帷。"这就是游帷观名称的由来。到了隋初，游帷观不慎起火，成了一片瓦砾。隋大业年间，隋炀帝骄奢淫逸，横征暴掠，不计民苦，为营建东都洛阳、开发运河、修筑长城，几乎每年征发重役。十余年间调拨民力不下1000万人次，造成天下荒芜、民死于役的惨象。

乡人原本酝酿开工重建的西山万寿宫，因隋炀帝赋役繁重、财力困难而中辍。唐高宗永淳年间（682～683），道教大盛，荒芜已久的游帷观在道教天师胡慧超的主持下，很快得到了修复。游帷观重建道院后，每逢开朝的日子，真可谓是"士庶群集、车马纷至、昼夜喧闹十余里"。高宗皇帝亲赐"游帷观"三字匾额。玄宗皇帝时，又派官员给游帷观送来金帛等物什。五代南唐时，再次修建。宋代大中祥符三年（1010），升观为宫，宋真宗皇帝赐额曰"玉隆"，从此改名为玉隆宫。宋代没有祠禄之官，只令一些元老重臣在居闲时任提举宫观之职。当时在西山玉隆宫任过职的名臣有黄庭坚、曾几、胡铨、洪迈等二十多人。到了宋徽宗时，这个一心想得道成仙的皇帝，喜好道术，极力提倡道教。政和六年（1116），徽宗亲下诏书，以当时西京洛阳的豪华道宫崇福宫作为参照，对西山玉隆宫进行大规模重建。重建后的西山玉隆宫，拥有正殿、三清殿、老祖殿、谌母殿、关公殿、玄帝殿等六大殿，玉皇阁、紫微阁、三官阁、敕书阁、玉册阁、冲升阁等六大阁，以及七门、七楼、三廊、十二小殿、三十六道堂，并改名为玉隆万寿宫，徽宗皇帝还亲自为其书写匾额。这次重建的玉隆万寿宫，殿阁楼堂，蔚为壮观，富丽堂皇，江南少见。金兵侵入洪州西山，把玉隆宫西院的"王朝宸翰及真君玉册"洗劫一空，宫中殿宇楼阁亦多被毁损。宝庆元年（1225），宋理宗赐给国帑，对玉隆万寿宫进行全面重修。

至元代中期，玉隆万寿宫又因残破而重修。泰定二年（1325）兴工，致和元年（1328）落成，前后历时三年，面貌焕然一新。但至正十二年（1352）三月，红巾军起义，玉隆万寿宫全部殿宇焚毁殆尽、荡然无存。

明代洪武年间（1368～1398），在原址上恢复重建正殿。又于正德十五年（1520）、嘉靖二十六年（1547）两度重修。万历十年（1582）再度重建三清殿、三官殿、万寿宫门等建筑。到正德十四年（1519），王守仁在南昌平息了朱宸濠的叛乱，皇帝认为是许逊"神功妙济"的功勋，第二年（1520）便赐金南昌府，敕令在玉隆宫旧址上兴建一座高明大殿，并赐"妙济万寿宫"新额一方。万历元年（1573），司空吴桂芳、司冠李迁、司马万恭等朝廷大臣游至西山万寿宫，看到殿宇凋敝、莽草丛生，倡议重修。县大小官吏立即响应，南昌府还下令新建县令张翟亲自筹办。西山的地主豪绅捐钱，贫苦人民出力，于玉隆宫的遗址上重建起一座许真君的正殿，以续福主千年的香火。万历十一年（1583）开始修建，落成于十二年（1584）秋。除修葺正殿（即高明大殿）外，还新建了六座大殿（三清殿、三官殿等）、玉皇阁、逍遥靖庐和宫门墙垣等。明末清初，战乱频繁，玉隆万寿宫又被破坏。

清顺治十六年（1659），吏部侍郎熊文举告老还乡。一日，他游西山玉隆宫时，目击宫殿为恶棍所占。他会同地方官吏，逐走宫中恶棍，并自筹捐款，廓清地界，重建四周宫墙，修建玉宸宝阁和道院，召回逃散的道士，恢复了原有的各种祭祀活动。

康熙二年（1663），因各大殿多被风雨侵蚀，住持全真道人便与弟子行持募化，得到四方施主的响应。当时江西巡抚董卫国也捐巨款。这次共募修了正殿、三清殿、三官殿、谌母殿，募建了关帝殿、玉皇阁和宫门、院墙。宫门上题"逍遥洞府"四个大字。乾隆二年（1737），江西巡抚岳浚又督会所属府县捐款，于第二年（1738）春正式兴工。按照宋代西、中、东三大院的规制，西院建有正殿、谌母殿、玉册阁，中院建有关帝殿、玉皇阁，东院建有三官殿、三清殿。宫后还建有可以远眺的望仙楼和为学者息心养性专设的逍遥靖庐，以及曲径通幽的偶松下。宫前又建起三座仪门。仪门两侧两座碑亭刻着巡抚岳浚、布政使阿蔺泰重修的碑文。宫门上冠以"万寿宫"三大字。

清代，万寿宫经多次重修、扩建，基本上恢复了旧日的宏伟壮观。咸丰十一年（1861），太平天国忠王李秀成率军驻西山，与清军展开激战，殿宇又焚为灰烬。同治七年（1868）再度动工兴建，用了几年时间，耗费大量银两，终恢复旧观。这是继北宋政和六年（1116）后第二次大规模重建，据载："凡向来所有，无不兴复。即仙衢、道岸两坊及四周垣墙，向所未有者，亦肇造而新之。"民国时期，曾一度设立西山管理处，由程宗宣任处长。抗日战争期间，日军盘踞西山万寿宫达七年之久，其间拆毁殿宇修碉堡，砍伐风景林作燃料，盗走宫内的文物，使这处江南名迹遭受了巨大的破坏。

西山万寿宫现存的正殿、三清殿、三官殿、谌母殿、关帝殿等，均为清同治、光绪年间的建筑。正殿前的古柏，相传为晋时所植。宫门之内，许真君塑像端坐中央，坐像头部为黄铜铸成，重500斤。十二真人分列两旁，吴猛、郭璞站立坛前。高明殿等三殿之前，6株参天古柏苍老遒劲，四季常青。相传最大一株为许真君所植。宫前的八角古井，为擒蛟井。铸铁为柱，链钩地脉，以绝水患。民间盛传的"真君锁孽蛟于井底"，其中所指就是这口古井，至今泉水清澈。

宫前一百多所店铺和住房为日军烧光，后山部分的围墙，正殿西边的尚书楼、集福会馆、绅董行馆、逍遥靖庐，正殿后的夫人殿，正殿东边的真武殿、文昌宫、魁星阁、道院被日军拆毁，宫内的铁钟、铜炉和供案上的铜器、瓷器等珍贵器皿都被日军劫走。不但宫殿楼阁被日军摧残过半，宫中器物也大都丧失殆尽！幸好许逊神像迁移到松湖镇黄堂宫谌母殿内，才幸免于难。

1949年5月，新建县解放，县人民政府接管这座道观时，只剩下正殿、关帝殿、三清殿、三官殿、谌母殿、道院、仪门、宫门、院墙。1952年6月，江西省人民政府文物管理委员会正式成立后，拨款一亿元（1955年我国发行新币，1元折合旧币一万元）给新建县人民政府，要求县文教科组织人力对万寿宫所存宫殿进行初步维修。1955年3月，江西省文管会特发文给新建县人民政府，要求县政府遵照党和国家保护历史文物和名胜古建筑的精神，"务必维持西山万寿宫的整洁，禁止破坏神像和屋宇"。1957年7月，西山万寿宫被列为省级文物保护单位。1959年和1960年，江西省人民政府连续两次共拨款四万八千元，再次修建西山万寿宫。当时集中力量重修了五座大殿及仪门、宫墙，并按旧制于各殿中安奉了神像、香炉和玉案。此外，还利用夫人殿较高的地势，建起了一座别具风采的八角亭。"文化大革命"中，道观又遭破坏。1983年，新建县人民政府组织专门机构，设置专人，募款重修。纵观西山万寿宫的古今，共经历了一千六百多年兴废相续、盛衰相沿、风云变幻的沧桑！

清代同治年间《重建逍遥山玉隆万寿宫记》中说："吾乡逍遥山玉隆万寿宫，殿宇之隆，香烟之盛，海内周知。虽代远年湮，迭兴迭废，而四方人士奔趋朝拜者，历千载如一日。"历史悠久的江南名迹——西山万寿宫，至今令人神往。

万寿宫香火极盛，长年香火不断，特别是每年农历八月初，为纪念许真君生辰，这里都要举行盛大的庙会，前来赶会朝觐进香与游览的人和车马络绎不绝。

二 万寿宫遗迹

1 九龙山

九龙山距离万寿宫山门仅千米之遥。九龙山山势瑰丽，气势恢宏，树木葱茏，绿荫遍布，翠岭叠嶂，鸟语花香，相传为净明道祖许逊炼丹之处。如今，炼丹遗址虽然辟为石灰厂和玻璃厂，但地形地貌仍依稀可辨。九龙山上分别种植有梅、茶、李、桂、杏、枫、竹等可供人们四季观赏的花木，山间药草丛生，是天然的中草药原生地，更是一个完整的具有宗教文化特色的旅游景区。

2　喻嘉言墓

喻嘉言出生于明万历十三年（1585），逝于康熙三年（1664）。对于他的身世，有两种说法。一种说法是，喻嘉言系新建县石岗镇朱坊村喻姓人，喻姓是明代洪武年间由四川迁居于此。喻姓村西边，有一个球形山包，这个山包光秃秃的，既不长草也不坍塌，人们把这个方圆几米的包称为"药包"。据当地村民讲，就因为有这个"药包"的存在，才让喻姓出了这样一位医术高明的远祖。另一种说法是，喻嘉言本姓朱，乃明朝宗室，明朝灭亡后，他隐姓埋名，开始在朱字上边加一捺，变成余姓，后来又改用余的同音字"俞"，最后又加上一个口字，改姓为喻。至今，这两种说法，取前一种说法者居多。钱谦益先生在为喻嘉言《尚论篇》作的序中写道：先生姓喻氏，名昌，南昌之新建人，嘉言，其字也。

喻嘉言在进京参加会试落第后，在京城住了三年，然后回了江南。明朝灭亡后，他拒绝清朝的诏书征召，留长发、蓄胡须，表明自己的心志。为了更好地隐藏自己的身份，他削发为僧，既练好了自己的身体，也为日后行医做好了必要的准备。为了不受清王朝的掣肘，顺治十年（1653）左右，他离开故土，来到江苏、浙江一带。最后，他游历到常熟钱谦益的故乡，在常熟北门外的虞山脚下，盖起一间草房，以行医为生。他头戴角巾、脚穿草鞋，一边采药，一边行医，留下了许多动人的故事和传说。喻嘉言先生一生深谙医道，著作颇丰。他所著的三部医书《寓意草》《尚论篇》《尚论后篇》对后世影响巨大，成为我国中医学界的经典著作，甚至三部医书已翻译成英、俄、朝、日等七国文字。

在行医的同时，喻嘉言先生还爱弈棋，常与钱谦益等友人对弈。清康熙三年（1664），80岁高龄的喻嘉言与围棋国手李兆远对弈，二人三天三夜不下棋桌，局终收子时，喻嘉言溘然长逝。常熟人非常喜爱这位著名的医学家，曾把他的肉身作为神像奉祀。后来，他的亲属将其遗体运回南昌，安葬在南昌进贤门外东坛巷北面的路边。著名学者蒋士铨为其撰写了《喻嘉言先生改葬出词》。1988年，由于南昌城扩建，省医学界、文艺界人士倡议，将喻嘉言墓迁葬于新建县西山万寿宫西南侧九龙山上，墓地坐南朝北。

3　古驿道

古驿道是一条并不起眼的田间小径,它吸引着人们,走进时光隧道,在历史的陈迹中,领略其风采。只见古驿道两旁,古木参天,香樟暗香;苔痕翠绿,荆棘遍生;老牛悠悠,小鸟依依。古驿道,散发出似如古纸般的陈香味道。

岁月的承载把古驿道写进了典籍,融进了乡风。谁也不知道这条古驿道的尽头在何处,东西向的走势,从云贵、湖南方向而来,循南昌而入江浙。古驿道拖着长长的背影,背负历史的沉疴,定格在西山大岭中,弯弯曲曲地延展,刻下了粗重的年轮。

古驿道上曾磨破人们脚板皮的青石板,如今已变得圆润。人们在古驿道上穿梭来往,火把照亮林间的绿色,驿道多了几分古意。因为这里还通往打尖的旅店,就有了个好听的名字——店前。

4 落瓦

西山大岭向来就是神仙游走的地方。山林中郁郁葱葱的香樟树，密密匝匝，云缠雾绕，多了几分仙风道骨之气。

天上能掉下瓦片，这或许是神仙们努力的结果。古人的想象力总是源于这山林的神秘。相传，道祖许逊"一人得道，鸡犬升天"，连房舍也搬进了天庭，一家百十口行走云端，一片瓦当不慎坠落人间，于是，这地方便有了个与道家仙气有关联的名字——落瓦。

在人们的想象中，这瓦片从高空落下，应该是碎了，而且碎成了大小不等的瓦砾。其实，瓦片碎与不碎似乎不要紧，要紧的是它坠落下来的痕迹。这也许只有天知道，神仙知道。

许逊在西山一带的传奇众说纷纭，很多逸闻趣事传得都有眉有眼、神乎其神。当地受道家仙气的熏陶和教化民风敦厚，因而成就了历史上众多的饱学之士。抚摸着落瓦林间那一棵棵硕大粗重的香樟树，穿越时光隧道，一张张熟悉而又陌生的面孔在林间闪回，他们都在时代的那一头用短暂的生命历程填积着西山大岭的厚重。

是的，这众多的面孔不正是那些从云彩中坠落下来的瓦片吗？不正是那些沾了许逊仙气的瓦片吗？在落瓦的梁家村中，那一根根插在泥土中的旗杆石，也正像天空中坠落的瓦片，虽然无言，却在岁月的风雨里诉说着它的仙道经历。

抬眼望天空，西山间飘忽的云彩一朵一朵，似乎都隐含着许逊的情意。或许这些云朵间，就有一块块瓦片遗存，等待着被释放，等待着降临人间。许逊的神灵佑护着西山，让人们寄托着一个永久的梦想。正是这梦想的支撑，西山大岭间旺盛的香火延续着；也正是这种梦想的驱使，让西山人在一种虚无飘渺中，成就着自己的志向与学养。

5　响石山

很早很早以前，南昌地区就传说西山中的梅岭是铜铸就的。说的是老子炼丹成仙后，在天宫替玉皇大帝炼丹时，炼丹炉炼了七七四十九天，一不小心炼丹炉迸裂，丹水顿时下泻人间，落在西山大岭中，于是这梅岭便成了铜山。传说归传说，真正追究起来，这西山与道教、与铜的渊源还真的很深哩。

在晋朝时，道教的净明道徒在西山间游历，就在这块土地上留下了许多痕迹。自从净明道祖许逊在西山立身修业后，他的徒子徒孙便在此建立道场，弘法扬教，点亮了净明道坛的第一道香火。这道香火由于信众的传扬，开始在西山大岭中燎原。每年净明道坛的祭祀日，即农历八月初一至十五，来这里接受普度的香客络绎不绝。人们在这里接受道德伦理的灌输，接受灵魂的洗礼，接受道教的熏陶，接受生命的传承。西山的羊肠小道阻隔不了信众的虔诚，西山的云缠雾绕遮挡不了信众明亮的眼睛。岁月蹉跎，道法吟哦，人们在低吟浅唱中背诵着《道德经》，在出神入化中得到生命的启示。

于是，人们把目光投向了道教的炼丹炉。在那通红的火苗中，他们看到了属于自己的生命之光。长生不老的传说让人们对丹炉深信不疑，敬畏有加。火升腾的力量，让人产生了太多的联想。西山大岭中取之不尽、用之不竭的炼丹石成了人们逐利的对象。淘宝的激情伴着生与死的纠结，使人们忘我地、疯狂地在大山中寻觅，在大山中挖掘。铜源流出的汁液赋予了人们太多的想象。这种自然流淌的山的汁液，让人们惊讶至极，感谢上苍给大地送来的生命秘籍，感谢神灵给西山人带来的福祉。这种福祉延续生命，承载岁月，给大地带来永远如春的生命征兆，人们能不接受吗？人们跪拜于道堂，战战兢兢地接过那些淡黄色的丹丸，庆幸自己得到了神灵的恩赐，将一步踏入生命的天堂。于是人们驱鬼祈愿，跳傩发爻，在梦境与人世间徘徊。

6 杨家寨

杨家寨始于宋朝杨家将杨六郎在西山安营扎寨的故事和传说。相传杨六郎在破番邦之时，因追击残敌，南下江西，在西山驻兵扎寨，一举将敌剿灭。西山雄绝峻拔，一夫当关，万夫莫开，占地利之便，至今仍为游客所赞叹。

无论是历史文化还是道教圣地，西山都有它的特质，尤其值得一提的是道教文化中的朝觐仪式和大法会，更把人们带进如痴如醉、如梦如幻的境地，让众多游人和香客流连忘返。在领略道教文化的同时，我们还可以欣赏到西山镇特殊的手工艺和匠作技艺。这里有木雕技艺（雕菩萨）大师，有民间制作香烛技艺，有古法制作玻璃技术。民间表演艺术有梅烛灯、板凳龙、盾牌舞、傩舞傩戏、进香、朝觐会、大法会、社戏等。

7 黄堂宫

黄堂宫位于松湖镇境内,为纪念许逊师母谌母而建,建于晋哀帝兴宁二年(364)。1980年之后,松湖乡政府筹资修复。现已修复谌母殿、王灵宫,重建真君(许真君)殿、三清殿和其他附属建筑物。每年农历八月初一前后为庙会时间,农历二月十九、六月十九、九月十九日,进香者络绎不绝。每年前来朝觐的香客和游人达三万人次。由于黄堂宫与西山万寿宫有着深厚的历史渊源,新建县拟对黄堂宫进行升级改造,并将黄堂宫与西山万寿宫联动开发,同时加大黄堂宫道教历史文化的挖掘、整理工作,使黄堂宫与西山万寿宫连成一体,成为新建县道教文化相互策应、相互发展的胜地。

三 万寿宫道俗

1 破血湖城

破血湖城是道教仪礼的一个分支,是新建县西山万寿宫一带盛行的宗教仪礼。其道教观念与超度在本质上是一致的。这种礼仪所派生的理论与仪序,从道教的角度突出了以人为本、天人合一、道法自然的精神,也揭示了道教孝悌忠信的基本教义。破血湖城从一个侧面将宗教与人性有机结合,也与新建地区的乡俗有机融合在一起,成为乡俗中的一个亮点。

破血湖城主要用于破血湖地狱,超度已故者的亡魂。长期以来,破血湖城的存在成了人们关注的宗教热点。它所构造的道教仪礼充满了神秘色彩,且高深莫测。关于血湖的方位、血湖的功能、喝血湖汤的意义,众说纷纭。破血湖城所倡导的入世观和出世观至今仍然成为乡间风气的渊源,其体现出的对包括母亲在内的女性的尊重更是十分难能可贵。在农耕文化时期,人们把生的希望和死的安然看得比任何东西都重。为使逝者在死去后在黄泉路上化险为夷,会举行踏血湖仪式,从而得到神灵相助,在阴曹地府得到高人指点,一帆风顺地进入化境。这就是破血湖城帮助普通百姓完成愿望的最好办法。道书中关于血湖地狱位于何方,有多种说法。

一种说法是这样：时有妙行真人出班长跪，告元始天尊曰："……殊不知有血湖一狱，在大铁围山之南。别有大狱，其狱名曰无间之狱。狱之有狱，号曰碛石之狱。狱之东北地号血湖，长一万二千里，周回八万四千里，下有一门，名曰伏波。乃血湖大神主之，其狱有五，一曰血月盈之狱，二曰血泠之狱，三曰血污之狱，四曰血资之狱，五曰血湖之狱。独此一狱，又列为五，有碛石无间之号。"（《道藏》第九册《太乙救苦天尊说拔度血湖宝忏》）

破血湖

从以上文字中，我们不难看出，其所叙述的内容认为，血湖地狱在大铁围山之南的无间地狱中的碛石地狱之东北方。血湖地狱是单独的一个地狱，与血月盈、血泠、血污、血资四狱并列，五处共号血湖。

另有一种说法认为：北阴大铁围山之南面，居东南角别有一狱，号无间碛石。其狱在大铁围山，一大石碛中开一穴，有自然血污铜汁，灌煮罪人身心，名曰血湖狱。四方有子狱，四座其名曰：血池、血盆、血山、血海，四狱相通，号曰无间碛石溟泠血湖地狱。这里认为血湖地狱在大铁围山之东南角，血湖地狱是单独的一个地狱，其四方也有四狱，基本与第一种说法相似，但四子狱的名称变成了血池、血盆、血山、血海。

还有一种说法更为奇特。此说法是：东北方壬癸之地有大荒……名曰北阴丰都罗山……中有一狱，在北阴大海之底，名曰血湖硖石大小铁围无间溟泠地狱，又分四子狱，曰：血池、血盆、血山、血海。四狱相通，有神主之，号曰血湖（《道藏》第二册《元始天尊济度血湖真经》）。这种说法认为血湖地狱在北阴一个遥远的、深不可测的海底，血湖地狱不是一个单独存在的地狱，而是一个聚合在一块的地狱，是由血池、血盆、血山、血海四狱共同组成的。此外，还有一些说法，如道教早晚功课经中《太乙救苦天尊说拔罪酆都血湖妙经》云"丰都罗山，血湖二十四狱，锋刀十八地狱……"，认为血湖有二十四狱等。

基于以上几种说法的经典意义和普世意义，我们认为第一种说法比较接近道教教义和其所宣传的普世观，因此比较赞同第一种说法。

从道教经典著作中，我们对破血湖城的认识又多了些。从符箓的角度来说，道教著作《道藏》中通篇都没有救拔血山、血海、血盆、血池的符箓。而大概成书于北宋末南宋初的《灵宝玉鉴》（现明版《道藏》）第十册中记载有"血湖灯幡符巾"，却有救拔血山、血盈、血污、血资、血泠、血湖地狱符箓。从道教著作的权威性分析，道教初始的血湖含义与佛教的血湖含义有很大的不同，甚至还有本质的区别。道教的血湖与广泛意义上的血污有关，血湖地狱也另有寓意；而佛教的血湖却只是与女人的天癸、生产之血有关，比较单调和狭隘。道教的血湖重在说明女性的权益和生存权利，追求的是人性的共存共处，追求的是女权与男权相平衡的生存观。

道教把血湖做了一个精准的界定，认定血湖地狱是为女性而设。这种说法在一些道经中得到印证。

是时救苦天尊怀悲，遂问酆都鬼王血湖主者曰：不见世间男子受苦，皆是无限女子妇人受罪，何缘致斯苦报？狱主言曰：非干男子之事，皆是世间女人产育婴儿之时，血露触污地神，将诸秽污衣服投于溪、河、池、井中洗濯，水流秽污江神、河伯，误诸人民取水煎点供养。秽触天真地圣，晒晾衣裳触冒三光，致令五道将军录其姓名，上奏天、地、水三官，附于恶簿之中，候百年身谢之后，勒送血湖狱主，受此苦报，动经万劫，无有出期。

这段叙述见于《藏外道书》第十四册《太上洞玄灵宝玉历血湖度命赦罪妙经》。这段话明确说明堕入血湖地狱的只是女人，不关男人的事情，这主要是因为女人要经历天癸和生产，其内容大意跟佛教《血盆经》中所说如出一辙。但令人费解的是，同是这部经，其后半部又有另一种说法。狱主曰：阳世之间，罪人有罪不知，第一不忠君王，第二不孝父母，第三违背师言……二十二践踏昆虫，二十三不修善德，二十四仇冤相杀。此二十四条女青天律，若有阳世男女，受诸罪犯，皆应打入血湖地狱。该篇叙述不但认为人间的男人（阳世男子）也会堕入血湖，而且把堕入血湖地狱的原因做了较大的改动，认为堕入血湖地狱的缘由不仅与血、秽、生产和天癸有关系，而且与亡者生前的具体行为有关系，如：不孝父母、践踏昆虫、不修善德等，死后不分男女都会被打入血湖地狱。这种说法把堕入血湖地狱的原因泛化，使道教的教义不仅是为了约束女人而用，而且在某种程度上对生活在人间的男女都有约束。如果在世时不规范自己的举止，死后就有可能（不管男女）被打入血湖之狱，遭受灭顶之灾，承受血湖之苦。在如此情况下，即使已离开人世，也要得到道法的超度、道法的敕破，才能够获得脱离苦海的可能。

当然，也有不少道经一再记载女子的血湖之苦，认为只有女子才会堕入血湖，才会被打入十八层地狱。

据《道藏》第二册《元始天尊济度血湖真经》记载：凡有下界众生，男子女人，在世之时，或遭王法横恶所加，兵刑刎戮牢狱枷锁，痈疽疠毒，脓血淋漓，复堕血湖，永无出期，以为果报。

《道藏》第九册《太乙救苦天尊说拔度血湖宝忏》也记载：尔时救苦天尊为诸众生宣说太上真符……血湖之中，产死女魂。惟愿已生未生，悉遂生成之快乐血湖狱中。战亡阵死男魂等众，惟愿庆云开生门，不堕昏迷之境。

《藏外道书》第十四册《广成仪制血湖大斋科品全集》对男女于世之苦、亡命之魂所受报应也有较为宽泛的叙说：世间男子女人夙世今生……血尸绝命之魂，或枪伤箭射，刀刃分身，崖推血淋而死，身崩鼻血而亡；或吐血疫痢，或痈疽肚癀，种种血疾之厄，皆在血湖受罪。

在众多的道经中，对血湖的含义都有较为准确的叙述：天尊大慈悲，普济诸幽冥，十方宣微妙，符命敕泉扃，拯拔三途苦，出离血湖庭，沉魂滞魄众，男女总超升。很多道经都明确提出男子、男魂的概念，认为堕入血湖地狱的不应只是女人，并且都认为，堕入血湖的原因是因为血污缠身，这种血污不仅存在于女人身上，所有男性也有沾染，因此，血湖狱不是妇女专狱。从某一角度讲，如果血湖地狱是因为女性的天癸和生产之事为女性专设，是为惩处女人而把血湖作为体罚的工具，那么，如果一个女孩未至天癸、生产之时就中途夭折，那是不是就不会入血湖地狱呢？事实上，不少人认为小女孩也会堕入血湖地狱，因为女孩夭折的原因有很多，产生血污、血臭、血崩的情形比比皆是。刀伤剑挑、天灾人祸，许多不可知的因素时时刻刻都会降临到女孩头上，这是不以人的意志为转移的，也是让人始料未及的。这种因外力产生的血污能不能算进血湖的范畴，是一个有诸多争议的话题。从前人研究的成果看，道教其实认为带血之尸、污秽之体是不分男女的，死后魂魄都会堕入血湖地狱，而不是像佛教那样区分男人、女人。只不过，妇女如果难产致死，通常都是血污遍身，其产死之魂无可厚非应当算入血伤之魂之列。我们说妇女会堕入血湖，但不能说唯有她们才会堕入血湖。此外，《灵宝玉鉴》在讲述血湖的内容时，也是把救堕胎落子、母存子亡、子存母亡等关于生产之符与救军阵伤亡、遭刑犯法、恶疾血光等众多的血伤之符箓一起列出，放在一个类别里。并且，其符箓是极力强调解污的，符箓中明显就有"气灭幽污鬼召"等几个字，但通符看不出一个与女人或生产有关的字符。在今天，如遭遇交通事故、刀枪之祸、恶疾顽症等，几乎这几类人死时都是血污缠身、恶秽不堪，这样的人，当然不分男女，死后魂魄都会堕入血湖地狱。这才符合道教的基本教义。

为什么血湖地狱会变为女子专用呢？一方面，道教的血湖地狱说，最初可能不是专为女子而设，而只是与血、污相关。以后发生的变化，从某一个角度讲，可能是当时的道士知识面不宽，不求甚解、断章取义。当然，也不排除另一种可能，就是道教在传承的某些环节或者说是在某些细节上，出现了人为的偏差。乡间有句俗语："百里风不同，十里道不同。"因此经书上记叙的与实际情况就出现了不同。"只见经中详说明，未见坛场演真科"，如果真是这样，那么我们今天是保持不变，还是返祖归源呢？毋庸置疑，应该返祖归源。破血湖的功用应该是普济各种血污之魂，包括血伤男魂。道教仪礼应该为这些人点亮血湖神灯，让灯光也普叙他们出血湖地狱。如果没有"护持之力",血湖狱中的亡者将会"动经亿劫,无有出期",永远无法转世重生。而这样的学说不符合道教无量度人的宗旨,也不符合道教学说的济世观。

现在重新看破血湖城的仪式过程,就会对道教理论产生一种敬畏和尊重,就会循规蹈矩,为普度众生做出道教范畴的祈祷和敕破,助人卸却冤孽的重负,完成转世的历程。在实际应用中,血湖临敕破时,道士总无一例外地端出一盆红糖水,让亡者的家属亲友分喝,这就是破血湖城的真正含义,也就是为死者免受血污痛苦、消受磨难的意思。而从因果报应上讲,亡者血伤,包括妇女难产而死等,其实都是自己的因果报应而已,亡者注定当遭血伤而死。另一方面,道教又认为,即使是某人已亡,其冤家债主一样还会对亡者的灵魂进行追讨,纠缠不清,所以道教礼仪中的喝血湖汤,即道士把一盆红糖水幻化成血湖,其实是要求亡者的亲人帮助亡者喝掉一点其生前所积累的要遭受血光之灾的孽障,帮助其忏悔,帮助其脱离苦海,减少其生前罪过。这也是道教解冤释结的特殊教仪方式。当然,同时也更形象地表达了亲人、友人们的悲痛及对死者的怀念之情。现代社会中某人因为种种原因犯了错误,伤害了其他人,但如果其亲人能够帮助其道歉,甚至承担一些责任,则其本人一方面应该可以获得他人某种程度上的原谅和宽恕,他本人被判罚的程度会相对轻一点;另一方面,他自己在身心上、精神上也会轻松一点,能够发自内心地忏悔,更能够得到某种解脱。从这个层次上理解,我们就很容易明白,为什么道家天天做血湖灯仪,天天破血湖地狱,今天为张三家破,明天为李四家破,后天又要为王五家破,已经破了的人家还要再破。实际上,道家破的血湖狱不是普通百姓想象中的恍如人间监狱那种有墙有砖的狱,冲破它之后,就会墙倒壁散。道家的血湖狱不是一个能够真实感觉到、具体存在的实体,道家破血湖狱实际上只是解冤释结,帮助亡者忏悔及消除其生前的孽障。道家通过破血湖城,这样一种消解的办法,让亡魂无牵无挂,彻底摆脱一切牵挂,从容升到仙界,同时也让生者能够在心理上得到一种安慰。

破血湖城之所以受到重视,就是因为它迎合了普通百姓的心理需求,而且在仪礼的进程中,让人身心受到震撼,从而产生敬畏之情。

在新建的很多地方,道教影响深远,道教的许多仪礼在民间留下了厚重的烙印。破血湖城作为一种道教仪程,受着香火的洗礼,成为沿袭久远的乡俗。新建素有礼拜《血湖宝忏》破血湖城的习俗。

《血湖宝忏》称:"阳妇人生产男女,秽污不净之水集聚一处,名为血湖。妇人死后,个个执碗饮尽血水,方得出期。若请红阳道众启立血湖圣会,讽诵赦罪佛经,即赦释前愆,归依大道。"依照这样的仪礼,就可以灭除妇女生儿育女时不小心所造的冤孽。仪礼开始的第一天早晨,道士便来到主家设坛,并扎花灯彩篮。坛上摆设道祖神位,并放置升米、戒尺、木鱼之类的物品。道士主持发愿,全体参会人员跪拜侍候。主持道士念经以木鱼击之,动戒尺以惊天地鬼神,并请天地鬼神撤离血城,为死者解围。如果仪礼时久,考虑到一些年老体弱的及一些住的比较远的,可以让他们先回家。道士会要求大家不必言说或打招呼,直接离开即可,以保持现场及坛前安静。最后留下来几十人即可,这些大多是主家亲戚。法事开始后,亲朋好友都要把原本做好的白带子扎到腰间,要扎活结,黑套也要戴。

按照新建的地方习俗,生过小孩的妇女死后,要在五七时破血湖,由亲生女儿到血湖城里去救妈妈。过程是这样的:侍应道士在屋内供案前铺一块正方形红布,约80平方厘米,道士问主家要一大碗米,然后就在红布上做起米画,画是按北、南、西、东的顺序画的。北面画的是类似祥云的图案；南面画的是城墙；西面画的是一片云彩，分三部分；东面画的是城楼。在表示方位的字两边各画一只飞鸟，在城中撒上一些白米，中间写一个大大的"池"字，表示血湖池。在血湖池中心放一只冲有红糖水的小碗，再放上血湖城纸扎，血湖城纸扎中再放上些似如血湖的小件纸扎。

主家的老婆腰间捆上六条用红纸做的裙，手上挽上纸做的小船后，就跟随着穿道服的当家道士做起破血湖的法事来。道士将主家的白衣带绕在他的法器——戒尺上，口中念着"破血湖的"，并按顺时针方向绕着。纸扎的血湖城也有东、南、西、北四道门，道士念一段时间经，就按东、南、西、北的方向，用戒尺的底部逐个破了血湖城城门。城破了，就拿掉。露在中间的血湖城纸扎，也是用同样的方法，用戒尺破了拿走。主家的老婆喝了中间小碗里的糖水后，就算结束了破血湖的法事。

随后做的便是断号的法事，在场的主家一干人等开始不戴孝，把身上的白衣带和黑套取下，换成长60厘米左右的红线，将红线佩于拉链或纽扣上，走到室外扯掉，让其随风飘走，就算断七了。到了午夜时分，大家将取下来的白衣带和黑套收集起来，与纸扎及死者生前用过的几件衣服、锡箔等一起放在早已用米画好白圈的地上焚烧。道士看着火起，口中念念有词，直到火势小了一些，道士就先行离开了。

五七过后，供台就得撤除，照片上的黑挽在烧血湖的时候被一起焚毁，照片随后要按照道士关照挂在没有人睡的房间，用红线挂在钉子上，照片上面不能有东西压着，照片朝向也不能有门窗。到此，五七就过去了，接下来就是生日、忌日等纪念日。

在新建更正规的道教祈禳仪式，是为超度产妇亡魂而做。仪式融入《目连救母》戏文，由道士分别扮作目连和刘金蟾母子登场。刘氏蹲在纸糊的血湖池畔，号啕哭唱《十月怀胎苦》的地方俗曲。目连肩挑经担，手持锡杖，口诵超度解罪经卷，围绕血湖池转悠。五位灵官掌剑随后，锣鼓伴奏，经声唱和。最后，灵官挥剑毁血湖池，解救目连母刘氏。破地狱门，释放孤魂野鬼。妇女平时有经血来，弄脏的衣物要拿到河里去洗，由此玷污了河神；妇女生小孩要流血，也冲犯了诸神，如东厨菩萨、桥栏将军等，这些经血和血露聚为血湖池。妇女死后要下血湖池地狱，受血水浸淹之苦，要饮尽血水，方可超生。所以，破血湖仪式都是孝顺儿女为在世母亲做的，使她去世后免受痛苦。这仪式可以在法会上做，但是必须在天亮之前完成。在做破血湖时，主持道士讲经人要唱《血湖宝卷》（即《目连救母卷》）。在仪式举行过程中，儿女要替母亲喝血水。所谓血水，就是用红糖冲的开水或者苏木水。替母亲喝完血水，可使母亲在亡故后免受血湖浸淹之苦。破血湖仪式一般要在妇女停经之后才能做，所以做破血湖的妇女年龄都在50岁左右。做了破血湖仪式后，她们不能进产房，不能去接触那些被血露污染的东西。破血湖仪式还必须在不同的时间里做三次才有效果。一般人家是连续做三年。破血湖的神台在做会经堂菩萨台的右前方，靠着西墙。神台上靠墙处放置着一座纸库，即血湖宝库。库前并列放着折成长筒状的马纸地藏王菩萨和星斗牌位。星斗牌位就是目连尊者牌位，用黑墨水在红纸上书写成的，被折成令箭状，上面竖着写"供奉血湖会上天大将军水部神目连尊者之位（右排写）、预修破血湖诞生信女×××叩（左排写）"。

在马纸地藏王菩萨、星斗牌位前摆有三样用碟装的供品：面、苹果、糕粽。另有一碟茶米（茶叶与生米的混合物，据说可以免灾。斋主家在做会结束后，把茶米撒在房间里、宅基地上，可保全家平安）被放在神台的东南端。神台最前面供有一对大蜡烛、一个香炉。神台底下放置着一个面盆，象征着血湖池；盆内放着一双筷子，象征着血湖池边上的七重栏杆；另有一把菜刀，这是目连忏破血湖时所用。开始时用一条毛巾盖住面盆。神台旁边靠着一根竹竿，上端有一把剪刀倒插着，还有一条毛巾缠在竿顶上，象征着地藏菩萨赠给目连的锡杖。神台前放置着许多靠垫，这些是用来给道士和斋主的子女跪菩萨用的。破血湖过程中，道士跪在神台前讲经。因此神台前另设一张椅子，作为临时经桌，上有戒尺、木鱼。同时，斋主的子女也必须全部到场，并都要跪在那里听经。

破血湖的整个过程由两部分组成。

第一部分是请诸神。主持道士站在神台前穿上道服（表示这时候的道士就是目连尊者），唱《请神偈》，同时用木鱼伴奏。每请一位神仙，礼拜一次，同时斋主家的子女均跪在神台前礼拜。唱完《请神偈》，道士带领斋主子女对神台上的神仙行三跪九叩之礼。行毕礼，子女掏钱抛在茶米盘上、神台下的面盆里，这些钱都是镇坛钱。

第二部分是宣讲《血湖宝卷》。请神后，主持道士跪讲《血湖宝卷》，这是破血湖仪式的主要部分。整个过程气氛庄严肃穆，主持道士要求听众不要大声喧哗、不要乱走动。

主持道士在讲这部宝卷时，还要穿插一些仪式和动作。在念忏悔文时，和神婆必须站起来和佛，每和一次神，斋主子女由主持道士带领跪拜一次神位。念完忏悔文，主持道士把面盆上的毛巾掀起，取出筷子，用菜刀切断，面盆被翻个底朝天，表示目连忏破血湖池边的七重栏杆，打破了血湖池地狱。

接着斋主家的子女要替自己的母亲喝血水（事先准备好的红糖水）了。子女喝血水时不能一拥而上，是由主持道士按长幼顺序一一叫到。被叫的人先拜一次神位，再掏点钱放在茶米盘上，然后才能喝血水。每人必须喝三碗,每喝一碗,掏一次钱,钱的数目还要一次次往上涨,表示这是用钱买血水喝。子女喝完了,剩下的血水由主持道士与其他道士帮着分三次喝光,每次也要在神台前拜一拜,这是斋主家给道士钱让他们帮着喝的,子女掏钱放在茶米盘上。散会后,茶米盘里所有的钱都归主持道士。主持道士在子女喝血水时,会说一些祝福语,说得大家眉开眼笑,斋主也乐得多掏一点钱。这时,斋主一般出手都很大方,因为这是出钱替母消灾。

喝完血水后,主持道士继续跪下讲经。

讲完《血湖宝卷》后,破血湖仪式结束。待整个做会结束后,神台上的神仙牌位等,一并拿到户外焚烧。

2　请神、迎神、送神

新建有句俗语：请神容易送神难。在民间，在人们的心目中，神祇的尊贵地位何时何地都不容亵渎。造神运动的主旨占据着民间思想的高地，始终把神的化境消弭在大地，也消弭在人们的心中。

人们对神的敬畏有着独特的意义。神灵感化使西山一带的子民对神敬畏的程度无以复加，甚至到了恐惧的地步。敬神与请神、迎神与送神，都信守一种特定的俗规，去那个幻化的世界，并有着梦幻般的追求。

送神之仪，是一种古老的俗。

全国各地都有这种习俗的存在，即使形式稍有不同，内在的精神追求却完全一致。据康熙年间《新建县志》载："（新建人）其俗信鬼神，好淫祀。"民间亦有迎神送神祭文流传：

迎　神

月有光兮凤有翔　坎坎击鼓辰之良
威武不屈楚臣乡　时不我与心地伤
下与浊世扫豺狼　为国深忧计尤长
云为车兮风为马　灵剡剡兮早飞下

送　神

凤亶亶兮鸾啾啾　尔灵来兮燕有既
载德意兮何央央　风锵铿兮鸣湖岸
赤心鼎鼎盘天日　用告虞兮补为祭
金奏铿锵礼以备　歌以送神神脱祟
水流中楫出无踪　唯所驾兮驶云龙

在民间传说中，神明每年都要上天去玉帝跟前述职，禀报人间善恶好歹。因此人间有了送神、送神的仪礼。神明们上天的日子有早有晚，于是人间送神明上天的日子也就不同。不少地方是农历腊月二十四送神，正月初四接神或者迎神。神明们在天上向玉帝禀报并得到首肯后，便相继下凡，重回人间继续监管人世间的善恶。人们为了表达对神明的敬重，每年到了送神和迎神的日子，便不约而同地以热闹喜庆的方式举行各种活动，以表示对神明的敬畏和欢迎。时日久了，这个固定的日子便成了一个节日，成为一种乡俗，成为我国一种特定的历史传统文化。

乡间有句俗语：送神依依不舍，接神兜兜扯扯。这话表达了普通百姓对神的看重和向往，也表达了他们祈望神明保佑来年运势平展、诸事顺遂、吉祥如意的心愿。

西山一带送神、接神的仪礼有别于全国其他地方。首先，金银世家送神的日子选在农历正月二十日之后，这一天之后出现的申日、子日、辰日，撞上申日或者子日或者辰日中的任意一日，便以这一日作为送神的起始日子，三天之后，便是接神的日子。按照原来的规矩，选择这样的日子也与金银有关联。

早年，西山一带石岗挡下熊家的金银世家送神都要去锦江以北的拿湖村拿湖庙（坐西朝东）举行仪式。只是到这拿湖庙必须经过锦江，有一年送神的人不慎跌入水中，后人便在界坛建了土谷祠。相传这土谷祠还是因唐高宗所敕而建，迎神送神仪式便也在土谷祠举行（坐北朝南）。

拿湖庙迎送的菩萨为鄱官，土谷祠迎送的菩萨为杨戬和太皇公公、观音菩萨。石岗地区金银匠中的世家大族之所以都奉杨戬为神，还有一种说法。相传北宋晚期，朝政腐败，金兵入侵，内忧外患，民不聊生。为拯民于水火，天上玉帝问："谁愿下凡为天子？"众仙都默不作声，唯赤脚仙微微一笑。玉帝因此遣其下凡。赤脚仙下凡投胎于石岗余家村，并请杨戬做护国。

传说赤脚仙投胎时想到前进道路坎坷曲折，心中不悦，颇感后悔，便在母腹中乱动，其母甚苦之。一日，有一道士登门，母告以情。道士用红丝线为其把脉，对红丝线一端低语："莫跳莫跳，何以当初一笑！"语毕，腹痛即止。道士告诉其母："所怀乃大贵胎，务必要等猪产麒麟，牛下马驹，才能让其降生。"语毕，不知去向。

话说杨戬应允赤脚仙为护国后，派其犬日夜守护。神犬为保障天子安全，常夜卧屋上，使其上方有乌云笼罩，以防被发现。孰知好心竟办成坏事。掌管天象之钦天监夜观天象，有所觉察，便上奏玉帝："江西黑了半边天，有客星冲荡帝座。"皇上立即下诏详查。江西洪州府知府发现：石岗是天子地，锦江为护城，红岩峭壁乃皇城城墙，天子必将降生于此地。于是上奏朝廷，提出"断天子龙脉，绝天子灵气"之策。朝廷下令征集大批民工来石岗地区挖山不止，但白天虽有万人挑，当晚即被填平。这是杨戬交代土地神所为，因而其守土有责。

众官正束手无策时，有一名野路神者，素来与杨戬和土地公有隙，所以故意泄漏玄机。他说："不怕万人挑，就怕竹钉腰。"官听其言，命人将99根毛竹削成丈二长竹钉，钉入龙穴中，顿时地面冒出鲜红色液体。其母顿时感觉腹中疼痛，且日益加剧。子怜母苦，于是在腹中数次发问："麟、驹产下没有？"起初母告之以实情：母猪没有产子，母马未生驹子。后来忍受不了，不由得编造谎言，说："麟、驹均产下。"天子听后，于是降生坠地。

天子很快长大成人。他走近猪圈，未见麒麟；走至牛栏，未见马驹；走进竹林，竹子破裂，跌出未开眉眼之兵俑。天子苦恼至极，自知降生过早，因麒麟、马驹实为将军坐骑，兵俑乃御林军也，均为建业登基不可或缺的前提。杨戬为此恼怒不已，于是手持双剑，直奔江畔祖坟山（即今天子庙山），父老乡亲追随其后。杨戬向悬崖下掷出右手的宝剑，帮助天子规避邪逆。此时，从天外游来一长鲸，天子骑上长鲸，向东北方而去，直往安徽凤阳。后来明代开国皇帝朱元璋，即为天子转世。杨戬又掷出右手宝刀，将庙前牌坊上的"余"字砍其一捺，改为姓"朱"，以纪念夭折之耻也。这之后，西山一带每个世家大族都建有家庙，奉祀香火。每年都把请杨戬回村和送杨戬上天禀报言事作为节日庆贺。

西山一带送神很重规矩，到了农历正月二十后的申日、子日或辰日，远近男女皆着盛装，喜气洋洋，好似过节一般。女人们都早早忙着在厨房准备酒菜迎接亲朋，村里好一片酒肉香，散发着浓郁的节日气氛。

这一天，界坛周遭的七个村庄，又像回到了过年的日子，庙前的古戏台上，请来的戏班子轮番上场。场下，人头攒动，喜笑颜开。看着戏台上的表演，听着锣鼓的响动，人们的情绪高涨，似如滚滚东流锦江水，喧哗奔腾。到了晚上，村上统一摆开流水席，全村男女老少，济济一堂，痛快地喝送神酒。宴罢，世家大族七老三保一族的十一路龙灯开始上场。对河拿湖庙前的板凳龙，长达几里路，几十节的香火，形成一条灯路，恰似一条游龙，腾跃在村道上、乡野间，人们也沉浸在其中。而界坛的十一条龙灯也不示弱，翻滚腾跃，汇集后，来到土谷祠前表演起来。竞龙、走龙、戏龙、滚龙，双龙戏珠、群龙起舞，锦江两岸成了不夜城，煞是好看。看热闹的人都不约而同击地欢呼，齐声喝彩。

各个村子里的金银匠长老，这时也是忙人。他们先给土谷祠的神明端上三牲祭品，拜揖鞠躬，随后将香火供于杨戬等菩萨神位面前，口中念念有词，为道别神明之语。土谷祠外，年轻人也忙得不可开交，纷纷将点着的香火供奉于菩萨面前奉祀祭拜。随后，便自祠前沿村路两旁，依序插香烛至河边，形成一条灯路，给神明开道。

祠里的各村长老们适时出帐，等到当晚吉时，便敲着奉神鼓（用整张牛皮和整棵樟木镂空绷制而成），将早已扎好的纸船（有一米长左右）、纸灯笼（约二米多高），恭恭敬敬送到河边，在河边烧三炷高香后，将船和灯笼火化，以示送神明上天。

整个仪式过程中，只听鼓声阵阵，激越雄壮。按照原来规矩，在打鼓完结，大家回程时，不能互相呼唤名号，因为这是仪礼大忌，如果叫出谁的名字，这人的魂魄就会被神明收走。

送走神明后，当地的陈、吴两姓，安守本分，极尽守庙之责。早年，西山一带石岗界坛七个村庄定下规矩，陈、吴两姓为守庙人，每三年中陈姓守庙两年，吴姓守庙一年。到了仪式结束时，当年值守的庙主陈姓人或吴姓人，便会煮来一担羹，先盛上六十碗，众人各吃一碗。羹直到吃完为止，保持不剩也不多。

值守姓氏族众也有回报。每年各村人所供祭祀的"三牲"他们可以各自带回，但香油、香纸、蜡烛等都由值守姓氏族众所有。上供的钱也归值守姓氏族众所有。

当晚九时后，送神仪式接近尾声，龙灯便开始进庙滚灯。到了子时，龙灯表演方才结束。板凳龙游到庙前河卸装，仪式结束。

3 做花朝 朝觐

每年八月初一,是许逊飞升福地的开朝日。这前后的半个月里,西山周围九邻十八县,十之七八的农家都会斋戒朝拜,这习俗沿袭一千余年,香火不绝,场面十分壮观。在这里,许逊的名字是神灵的象征,成千上万的人虔诚地向他的塑像顶礼膜拜,烧香磕头,求取他的护佑,表达对他的崇仰。

早在封建时代,西山万寿宫就香火鼎盛,来这里进香者,有骑马坐轿的达官贵人,有执香徒步的平民,有博学多识的学士,更有扶杖背包、缓缓而行的白发老人。如今,男人携妻带子、穿戴一新;女人扶老携幼,头插扁柏;耄耋老人,纳头便拜。整村人,前呼后拥来的;整姓人,吹吹打打来的,比比皆是。他们系一色道教黄裕,捧着神笼,抬着烧香的木雕水龙。吹起唢呐,敲锣打鼓,一路不断地燃放爆竹,穿殿而拜。那领头人,念念有词,唱着赞颂许逊的歌。也有文气重的,寻了文人写上一本赞颂许逊功德的诗经,端上大殿,一念就是好几个小时。朝拜完毕,众人一行迎着菩萨,退出殿堂,遵守道规,虔诚至极。不少邻县大姓大支都成立了各种的朝觐会,把一方或一乡人纳进了神圣的仪式。不少朝拜会,神气十足,不仅用现代化的装备,还用录音机录了道教朝拜锣鼓声及唢呐声,满宫播放。

4 盘门舞

新建县是个历史文化积淀十分深厚的地方，其得天独厚的区位优势，即巡抚、府、县衙同城，使新建历史上人才辈出，乡风雅致，风俗淳朴。地域文化的展现也给当地的民间舞蹈开辟了一方广阔的生存空间，由于时代交替，传承有序，这里的民间舞蹈几乎涵盖了人们生活的方方面面。新建县是道教净明道的起源地。作为原生教，它在当地派生了极为珍贵的原生道教音乐、原生道教舞蹈，盘门舞就是其中的重要组成部分。起源于道教捉鬼、跳地戏和看家护院武术的盘门舞，是新建县颇为珍贵的原生民间舞蹈。

盘门舞来自新建县道教文化的累积和民间乡俗的合成，是十分珍贵的地域历史文化遗产，是不可多得的民间艺术珍品。盘门舞有十分明显的民族性、地域性、历史性，是老祖宗留下的特殊礼物，对当代研究民间舞蹈的专家学者来说，是一份不可多得的珍贵历史资料，更是新建对当代艺术的一个重要贡献。研究它、利用它、借鉴它、参照它，对研究江南历史人文、社会生态、艺术都有特殊的意义。

盘门舞，也称盾牌舞，是流传在江西省新建县厚田、流湖、义渡、西山、松湖、石埠、生米等地的一种由民间艺人创造加工而成的器械舞蹈。尤其在厚田詹杨村和义渡锡岗村，此舞更是老幼皆知，有"兄弟拔刀见，上阵父子仇"之说，有的甚至一家几代血脉相传，迄今不衰。

盘门舞，是一种将古代士兵的操练和国术融于一体的舞蹈，有着鲜明的民族特色和强烈的鏖战气氛，动作粗犷，舞姿雄健，表现出一种前赴后继、百折不挠、所向无敌的英雄气概。盘门舞节奏铿锵有力，队形变换繁而不乱，画面宏伟壮美。在我国汉族丰富多彩的民间舞蹈中，它也像国术中的少林、武当、峨眉派一样，形成艺术风格独树一帜的流派了。

但是，在封建社会，盘门舞只是民间艺人借以谋生的一种手段，有的甚至被土豪劣绅所利用。在锡岗村，有个叫万义松的豪强，为了掠夺本村一个叫喻登科的民间艺人的半亩油茶地，暗中勾结十多名习武的兄弟，喝鸡血酒，打擂台，一个"仙猴摘桃"，使喻中奸计而惨亡。有些民间艺人，也常被卷进争山争林的宗族械斗，或被搞得倾家荡产，或被逼上梁山。这就无形阻碍了舞蹈的发展。

一般在春节前后，或在庆祝活动中，或农闲时节，或被邻村邀请，或自发组织，盘门舞会会在村内户外进行演出。

盘门舞历史悠久，源远流长。据新建县民间流传的故事，三国末期，刘备的曾孙刘护，因蜀国面临沉沦危亡，便携家母和舅舅英毅王罗鉴，率领部下，避难于石埠梦山驻扎，日夜在深山大岭中操练兵马，伺机复国。不久，蛮夷作乱，寇掠中原，并有一军队扎营在石埠藩源村，称为藩源寨。他们在附近一带烧杀抢掠，弄得鸡犬不宁、民不聊生。刘护起兵抵抗，杀入藩源寨，大战三天三夜。后敌军援兵赶到，围攻梦山，大破山门。刘军奋勇拼杀，死伤无数，血染峻岭，终因寡不敌众，惨遭失败。于是，那些从乱刀乱箭中挣脱出来的士兵，纷纷潜逃到石埠、流湖、义渡、厚田、松湖、西山一带，解甲归田。这些兵游散勇，后来便长期在新建县境内定居。他们有的会耍大刀，有的会舞盾牌。盘门舞——即盘踞在门内而舞也，舞名由此而来。跳盘门舞的目的，一则是这些客籍的士兵奢望东山再起，二则是防范当地地痞流氓的欺凌。

由此推断，新建县的盘门舞距今约有一千六百多年的历史，它是根据古代士兵操练盾牌的动作，逐渐发展而来的一种民间器械舞蹈。为了纪念这些勇士，梦山已被辟为游览胜地。在山麓有一条蜿蜒而上的盘山石阶小径，绿荫覆盖的山头上，修建有金碧辉煌的罕王殿，内塑有刘护、罗鉴等人的巨大雕像。

盘门舞是带有军事操练成分的舞蹈，并融合了国术武当派中的"残、圆、搭、迁、捺、逼、息"八字基本功，有吞吐浮沉的技巧。武士们头扎一条白毛巾，上身穿黑色土白边镶云花的对襟褂（有时也穿普通服装），下身一般为黑色紧口裤，腰束几道红线边条的三尺罗汉巾，足蹬千层底布鞋。总之，穿扮要给人一种干净利索、潇洒英武之感。

西山地区的盘门舞，一出场要有四大金刚打拳膀，每人打三路以示亮相。第一人做垫台、做八花手、三枪手、坚连步；第二人打十八变、六合、一路捅拳；第三人打弟字、打始字、打篱字；第四人打铁鞭手，金书腾碗，麒麟爱神，捆麻索（以上称盘子功）。随后便有双耙头对打、双棍对打、单刀对单刀、板凳博棍、单刀破花枪、三节棍对木棍、大刀破花枪、双刀破花枪、徒手夺双刀、徒手夺梭标、梭标对戮、盘藏棍、大刀扫荡等。

盘门舞的内容，主要是表演两军对垒破阵、互相攻守等。四个牌丁，一手握短刀，一手托盾盘，奋勇出击，左冲右刺，和四个分别手持大刀、响叉、梭标、木棍的将官戮杀。全舞由四个大阵式和十四个小阵式组合而成，大阵式与小阵式之间既彼此独立，又相互统一。阵式的布局巧妙严谨，阵式的造型精细、多姿多态，充分显露了民间艺人的聪明才智。

盘门舞的四个大阵式和十四个小阵式，变化多端，目不暇接，各呈异彩。

一大阵式：主要是四个右手握短刀、左手托盾的牌丁出场，成双结对，展开眼花缭乱的各种姿势的相互对打。"一门老"为第一个小阵式，双方会经过短兵相接的格杀，最后有一个"抢背"动作，意为得胜回朝。"二门老"为第二个小阵式，一出场，便形成了四角阵。四个武士牌丁站位呈正方形，各扼一方，意为四面防守把关，分兵隘口，稳扎稳打，步步为营，即使刀砍头落，也要坚守阵地。"三门老"为第三个小阵式，双方继续酣战，时攻时退，忽伸忽缩，意为哪怕双手砍断，也坚决不投降当俘虏。"四门老"为第四个小阵式，武士牌丁虽已打得筋疲力尽，仍要死守阵地，与阵地共存亡。总之，这个大阵式，武士牌丁日夜操练，随时准备迎敌参战。

二大阵式：主要是由分别手持大刀、响叉、梭标、木棍的四个武官互相展开对杀训练。四个小阵式的舞蹈动作和四个牌丁的大同小异，没有多大区别。

三大阵式：两军战斗进入白热化的程度，杀得天昏地暗，难分难解，旗鼓相当，胜负未卜。其中的小阵式变化也不大，有些只是对杀动作的不断重复。

四大阵式：两军经过激烈的拼杀，三个将官英勇阵亡，只剩下一位手执响叉的武官孤军作战。他越战越勇，面对四方兵将的围困，英勇杀出重围，把四个牌丁一一打败，冲出了四面楚歌的窘境，最后凯旋。

盘门舞表演的内容，形象地表现了古代阵地的壮观气势，充满了古战场的磅礴气势，反映了武士们英勇善战的英雄气概和威武不屈的民族精神。

盘门舞是民间舞蹈中的男子群舞。在表演时，男子们以短刀拍击盾牌，大刀敲击木棍，短刀碰击短刀，和气豪力刚的"嗬嗨"声相烘托，他们跳着雄健的舞步，舞着明亮的短棍、响叉、大刀、梭标、木棍和坚实的盾牌，剽悍、粗犷、气势昂扬、雄威撼天。整个舞蹈的动作可分为舞蹈和对打两部分，其动作风格特点，可概括为："丁是丁，八是八，你敢来，我敢打；有力当场上，无力打侧旁；出手莫饶人，饶人便伤己；打得天地暗，套路则分明；出刀猛，盾挡快，龙腾虎跃疾如风。"

盘门舞的舞蹈动作比较简单，除了"骑马桩"半蹲、全蹲及"抢背"之外，就是短刀砍杀的动作，手臂等大幅度动作都较少。但它融国术与舞蹈为一体，风格特异，可归结为奸、奇、巧、毒四个字。产生这种风格特色的原因，一是此舞来源于习武；二是和民间艺人浪迹天涯的生活有关。这两个特点相互交融，形成了民间艺人的勇猛善斗的个性和不屈不挠的战斗精神。

奸——就是指牌丁在整个舞蹈中舞盾和舞刀的动作，不要太实太露，在左挡右刺的进程中，要打得刁猾奸险些，要使勇和谋敛藏在盾牌的掩遮下，不要过早暴露自己的弱点。

奇——就是指两军交战中，要出手不凡，要乘虚而入，要出奇制胜。牌丁和叉手在表演时，一刀一盘都要显露令人拍案惊奇的绝招。

巧——就是指灵活和敏捷。在战斗中，既要敢于正面突破，也要根据战情，该退则退、该攻则攻，巧于和敌军周旋，锐不可当，见缝插针，迅雷不及掩耳地出击，快而不乱，使对手防不胜防、一败涂地。

盘门舞的伴奏是以打击乐为主，配有堂鼓、小钹，音乐比较简单，大致可分为走马锣鼓、快板、收场锣鼓等三锣鼓点。但在力度、速度的处理及乐手的创造性发挥方面很有特色，起伏跌宕、多姿多彩、对比强烈、节奏明快，对舞蹈的表演起着重要的烘托和调节作用。

走场和操练后的间歇，用的是走马锣鼓，轻松活泼，给人一种悠闲自得的感觉。同时，操练时用的快板，忽如急风暴雨，忽如万马奔腾，紧锣密鼓，显得紧张粗犷，雄浑奔放；又时而如潺潺流水，时而如秋雨绵绵，显得轻松活泼，明快流畅，给人一种俊俏潇洒的印象。音乐处理上有张有弛，和舞蹈动作融为一体，较为成功地构成了盘门舞完整的艺术形象和风格特色。

值得一提的是，乐手的创造性发挥对整个演奏效果起着积极的作用。盘门舞的基本特点不多，操练时基本上是一个锣鼓点反复敲击，如不加以变化，会令人感到单调、呆板和乏味。乐手们根据基本节奏适当进行发挥，同一锣鼓点反复，鼓点不断加花或减花，钹手也相应做些变化、调节，取得表演的良好效果。

盘门舞文化体现了其悠久的历史，是特定地域的民间民俗文化，蕴含着众多的文化元素，是一种乡俗的传承，也是一种宗教文化的传承。它所代表的文化符号写就了江右文化、赣域文化的显性特质。重新将盘门舞进行调研、整理、加工，用现代方式进行记录、留存，将给后人留下一份民间文化珍品，也是让人们了解盘门舞的重要方式。只有深刻挖掘其内涵，才能真正地领悟到盘门舞的精髓。每一种舞蹈产生的背后都蕴含着一种深刻的文化。例如，胶州秧歌保留了齐鲁文化。齐鲁文化最大的一个特点就是务实，要求从谦逊、朴实、实事求是的原则出发。反映在胶州秧歌的舞蹈里，则体现了一种机巧宽厚、包容万物的兼容和柔韧。再如，安徽花鼓灯至始以来一直与百姓的生活息息相关，与百姓的宗教信仰丝丝相扣。它的起源与娱神、崇神的精神信仰有关。相传远古时期，大禹制服了洪水，其超凡力量得到了当地人民的崇拜和敬仰。人民为酬谢大禹便跳起花鼓灯，后逐渐发展成为敬神、娱神的舞蹈表演样式。淮河地区地处以黄河为标志的北方文化区和以长江为标志的南方文化区之间，因而安徽花鼓灯受南北文化的双重影响。文化的奠基决定了舞蹈的发展，而民间舞蹈本身就包含着浓郁的地域文化内涵。

盘门舞是新建地区的非物质文化遗产，更是老百姓心中的无价之宝。它承载着老百姓对生活的热情和积极向上的精神生活状态，在农耕时节，人们载歌载舞、聚集一堂，在村头、乡场热热闹闹地自娱自乐，舞起传统的盘门舞。或许他们的舞姿不是那么优美，他们的服装不是那么炫彩华丽，他们的伴奏形式不是那么复杂，可是当盘门舞标志性舞蹈动作舞动起来时，人们幸福的笑容便挂在脸上。因为盘门舞是百姓生活的真实写照，是用舞蹈的语言来表现他们的生活，盘门舞的豪放与热情也正是人们淳朴情感的表达。百姓们组织舞蹈活动的目的在于祈求农业丰收、人畜平安，这种美好期望与农耕生产紧密结合，具有极其鲜明的地域性与民族文化色彩。

盘门舞是中国民族民间原创舞蹈历史上一道靓丽的风景，是一颗冉冉升起的璀璨之星。其文化内涵和历史背景的特殊性，使它成为江西历史文化中独一无二的舞蹈，是江右文化中具有代表性的一种多功能元素的舞蹈。盘门舞凸显了重要的思想文化内涵，承载着百姓的精神希望。

盘门舞是历史文化的体现，也是乡风民俗的承载。在道教文化的范畴，则是对道教文化的拓展。做好盘门舞的传承，不仅有历史意义也有现实意义。从历史的角度看，它是对历史文化的传播，也是对历史文化的展现。做好盘门舞的传承工作，是对历史的交代，也是对历史的看重，是对老祖宗留下的瑰宝进行传递收藏，使其香火不断，薪火相继。从现实的角度看，盘门舞是一份不可多得的传统文化教材，也是对广大青少年传统文化教育的最好素材，更是对现实生活的最好补充。作为新建地区一种古老的文化，一种特殊的舞蹈艺术，由于岁月的磨砺，盘门舞在历史的长河中已渐渐失去了它原有的光芒，如果再不认真地进行挖掘和传承，极有可能面临消失的危险。在当代快速的生活节奏下，随着各种新颖的文化娱乐活动的兴起，人们不再热衷于那神秘而又古老朴拙的舞蹈，将盘门舞这珍贵的非物质文化遗产遗失于沧海，成为一份记忆，这无疑是我们这一代人的损失。如何将这特殊的盘门舞艺术传承下去，是当务之急。盘门舞的传承是对非物质文化遗产的一种保护，更是为后代子孙留下的一笔财富。

盘门舞，它所体现的神秘的祭祀风俗及独具特色的新建地域民俗文化，有着重大的历史意义，我们这时代的人肩负着传承盘门舞的艰巨使命。新建县是个历史文化非常厚重的地方。石埠大窝里古文化遗址，出土文物以罐类为主，纹饰为方格纹、绳纹、云雷纹、兰纹，泥质灰胎；石器三件，鉴定为新石器时代末期物品。经堂里古文化遗址，遗存亦属新石器时代晚期的发现。历史建筑，如西山万寿宫，是中国道教净明道的祖庭。汪山土库等众多的古文化历史遗存，将新建的历史文化装扮得辉煌灿烂，让新建人引以为豪。

盘门舞受新建文化背景的影响，吸取其内在精华，演变成百姓生活中不可或缺的重要部分。这种载歌载舞的艺术娱乐方式，反映了百姓的生活，是实实在在的原生态舞蹈。舞蹈道具盾牌、耙头、短剑、大刀、齐眉棍的使用，更是百姓农耕生活的真实写照。老百姓用盘门舞塑造了历史上为新建的历史立下汗马功劳的勇士们及做出特殊贡献的人们。他们在战场挥洒的血，成就了现在新建的发展、进步。将盘门舞传承下去意义重大，虽然它已经不是那么新潮，不被大多数人所接受，但是盘门舞所蕴含的人文精神是值得新时代的人们去拓展的。我们相信，经过千年的磨炼、万年的洗礼，经过数代人的努力传承，盘门舞将会成为江西独一无二的文化明珠。

盘门舞所展现的道具、服装、舞蹈表现形式，无不保留有历史上新建人的耕作习性、方式、习惯，它是新建县农耕文化的具体体现。在长久的岁月里，新建人的生产方式、生活方式都可以从盘门舞中看出端倪，留有痕迹。耕、种、耙、锄、割，手工劳动给新建人以沉重的负累，盘门舞作为农闲季节农民业余生活的一部分，将各种劳动场景一览无余地展现出来，从某个角度讲，也体现了新建人的聪颖和智慧。将痛苦的磨砺化为一种轻松的娱乐方式，新建人找到了一条自我放松的最好途径。在盘门舞中我们看到了新建先辈的影子，看到了他们吃苦耐劳、坚忍不拔、图穷奋斗的场景，看到了新建农耕文化的历史面貌，令这些好传统、好习性在新时代做好接力，这是一件功在千秋、利在后代的大好事，也是我们新建人的骄傲。只有将这些农耕文化所体现的特征传扬下去，我们的后代才不会忘记历史，不会忘记那些在历史上为新建的发展做出各种努力的人，也不会丢失历史的美好，从而珍惜今日生活的来之不易。

拥有一千六百多年历史的江西新建盘门舞，是历史上独一无二的舞蹈艺术。这是将古代士兵操练和国术融为一体的舞蹈，有着鲜明的民族特色和强烈的鏖战气氛。盘门舞融入了新建县历史悠久的道教净明道文化，吸收百姓民间祭祀民俗文化，用生活中积极向上的思想赋予盘门舞以灵魂。盘门舞的文化内涵丰富了其内在特质，而外在的舞蹈语言丰富了它的运用,使得盘门舞独具魅力,成为新建县标志性的民间舞蹈,是新建人民引以为豪的艺术瑰宝。盘门舞不仅代表了一段深刻的文化历史,更是新建的代名词,是值得我们学习的一种精神。

从舞蹈艺术元素方面,盘门舞动作粗犷,舞姿雄健,表演有稳、准、快三大基本要求,表现出一种前赴后继、百折不挠、所向无敌的英雄气概。铿锵有力的节奏,不断变换鼓点的敲打,乐手即兴发挥的能力,使得盘门舞的表演过程惊喜不断、高潮迭起。在队形变化方面,场面较大,却繁而不乱,画面宏伟壮观。盘门舞在我国汉族丰富多彩的民间舞蹈中独树一帜,形成了自己独有的艺术语言,值得我们推广。盘门舞的潜在价值远远不及这些,还需要我们不断挖掘,让更多的人领略到盘门舞的魅力,使更多爱好者对这种舞蹈进行研究、借鉴和拓展。

盘门舞是对于农耕文化的传承及拓展。盘门舞的舞蹈元素来源于百姓的农耕生活,朴实简单的生活表现出他们工作的勤勤恳恳,他们用汗水换来幸福的生活,用舞蹈来歌颂对生活的向往和憧憬。

长期以来,盘门舞一直养在深闺无人识,它不被人们所了解,更很少人知道其背后孕育着一种朴实、返璞归真的特殊精神文化。所以,笔者希望努力挖掘盘门舞的历史和民俗特色,传承和发展盘门舞的渊源、文化内涵及现实意义,积极努力做好这项古老而又深远的文化精粹的传承,去感染和触动新一代的年轻人,同时也促进现代农耕生活方式的进步。盘门舞是江西人的精神财富,只有现在努力去研究和挖掘它的艺术价值,才能使我们的子孙不断地传承它的文化精髓。

盘门舞是江西新建特有的民间艺术,它蕴藏着众多的艺术符号和艺术元素，重新将其展现在世人面前，是我的义务，也是我的职责。希望众多对盘门舞感兴趣的领导、专家、学者对其保持高度关注，让这一艺术瑰宝在新时代重放异彩。

5　地戏

在江西省新建县，与江西地方乡俗和历史文化关联度较大的便是傩。乡傩作为一种地域文化产物，在赣域以它的原生态蜗居一隅，自成一脉。在长期的进化进程中，与赣俗和宗教糅合，成为人们的精神追求和寄托。在清康熙《新建县志》中有这样一段记载：

> 先儒谓官职吏士民可驭矣，鬼神者幽而无迹，焉得驭之。虽然凡祭祀必致福于其国，御灾捍患必阴相焉。非是颁也，废厥祀典，是故厉则祭矣。而季冬之月又令民大傩，彼方相氏之黄金四目，执戈扬盾，索而逐之。不遗余力，果何为哉。於以叹先王废置刑赏之权，虽至冥渺，如鬼神亦在吾捒纵闹阖之内，故驭之一如驭吏民焉。治明治幽，诚无二道。又守土者所不可不知也。

这是新建县知县在本县郡厉坛祭祀典礼上的手记，可见傩文化在新建有十分深厚的历史渊源，仲秋厉鬼之祭中傩的影子略见其一斑。

江西历史上有"吴头楚尾"之谓。特殊的地理环境、温润的气候和众多的江河湖泊，使这里成为孕育原生态文化的摇篮。南昌地区的新建县历史上是道教文化的发祥地之一，其境内的西山万寿宫即为道教净明道祖庭。净明道的教义主张修道行孝，其教义融合儒、释、道三教，宣称："至孝修道，修孝道也。道在至孝，不孝非道也。"道教在修炼法术时要做到持戒诵经、外丹烧炼和符咒驱邪术。西晋太康元年，豫章人许逊经豫章太守推荐，出任蜀郡旌阳县令。在任期间，他广施仁政，深得当地百姓的拥戴和崇敬。西晋太熙元年，许逊目睹晋室纷乱，弃官而归。他出任时，"朝廷屡加礼命，难以推辞"。辞官时，旌阳竟有2000余百姓相随，与其一道赴居新建之西山（逍遥山）许家村。随后，他带领陈勋、周广等十多个弟子四出布道，持剑执法，以术驱邪，声名远播。许逊136岁去世时，携一家大小与弟子陈勋等42人，连同鸡犬一道，拔宅升天。许逊死后，他的法术和道行在民间广为流传，西山万寿宫从此便成为人们祈福和祷告的上佳场所。每年农历八月许逊升天为仙之日，吴蜀楚越民众不远千里之遥，前来西山万寿宫，设醮祈福。本地民众人数更是数以万计，车马喧嚣，士女栉比，连臂踏歌，香火十分鼎盛，至今尤甚。正是由于西山万寿宫的存在和道教法术的播扬，成就了江西傩的发展和播扬范围。一些边远省份的道徒，在心受道教经典和朝觐香火后，也把傩带回了他们的故乡。因此，至今很多边远省份都认可他们当地的傩来自江西新建，常常前来祖庭朝觐拜祭。

傩在道士和方士的方术中成了驱邪避鬼的有效工具。面具的神秘感和虚拟性让老百姓看到了生存的希望和期冀。人们把生老病死等生杀大权全都交给了傩。傩在人们的家中起舞，道士的剑、方士的刀在每个房间的旮旯儿寻找着鬼的影子，打鬼、杀鬼，为民除害，一出出惊险的刀光剑影让人们心生恐惧而平添敬畏。后来，便开始有了道士设醮,在村子的广场中央布道驱除瘟疫邪气。伴随着人们的吆喝声和有节奏的敲打盆钵声,土生土长的地戏便粉墨登场了。傩的面具形式也开始有了变化,有傩公、傩母、观音、开山、四大美女、弯脸、报喜、笑和尚、西山老人、土地、判官、坤身、财神、小妹、土地、纸钱、魁星、金刚等。动作和节奏也明显地带上地域色彩,既笨拙、圆滑,又激越、刚劲,由很少发声到增添戏剧唱功,加上锣鼓的配合,使得傩戏成为江西百姓喜爱的表演。傩开始具有了表演功能和娱乐功能。

傩来自江西民间,是一种典型的民俗文化。作为发源地之一的江西,傩戏的发展却不尽人意,尤其是新建地方的傩文化传承,由于经济发展的原因,正在逐渐走向消亡。笔者最近走入当地民间,搜集了一些古傩面具。这些珍贵的木雕面具,尽管表面的漆层已经斑驳,但是,其形状和原始的雕刻艺术还保留得十分完好,具有十分重要的研究价值。这些古傩面具古朴端庄、威武严厉、狂傲奸诈、娇艳温柔、不拘一格,有的狰狞可怕,有的眉目慈祥,很能迎合老百姓的审美需求,又可以使老百姓的崇神心理得到满足。

目前,国内外研究傩文化已成风气,许多专家学者对江西的古傩面具、傩戏十分感兴趣,同时也出现不少的学术文章和学术著作。江西南昌为此举办了首届中国傩文化艺术节,江西南丰石邮的傩戏班也经常到世界各地的艺术节上进行展演。通过这些活动,傩的历史价值得到社会的充分认可,傩也因此走进了世界历史文化的神圣殿堂。

6　天官赐福

新建县西山是道教净明派祖庭,道教文化几乎涵盖了这个地区的方方面面,文化底蕴十分厚重。与道教相关联的民俗活动也比比皆是,天官赐福就是这些民俗活动中比较典型的一例。

按照早年遗留下来的传说,天庭玉帝的臣子中,有福、禄、寿、喜、财五位官员,这些官员虽然身在天庭,却掌管着人间的财富、金钱和人们的喜怒哀乐,以及人们的地位、官阶。这五位天官的特殊身份,让人们对其产生敬畏,供其为神灵,奉祀朝觐。

旧历正月十五日,谓天官下降赐福,称上元节。《梁元帝旨要》载:"上元为天官赐福之辰;中元为地官赦罪之辰;下元为解厄之辰。"天官头戴如意翅丞相帽,五绺长髯,身穿绣龙红袍,扎玉带,怀抱如意。以天古、蝙蝠("蝠"与"福"同音),借以表达吉祥、降福之意。天官是授福禄的神仙,天官大帝手执"天官赐福"四个大字横幅,背靠花团锦簇的"福"字,头顶和脚下有祥云、五只蝙蝠环绕,脚下寿桃象征着多福多寿,天官大人把美好幸福的生活赐予人间。

"天官赐福",语出《梁元帝旨要》:"上元为天官司赐福之辰。"后来道教又以上元天官正月十五日生,中元地官七月十五日生,下元水官十月十五日生，届期设斋诵经。明刻《三教搜神大全》卷一"三元大帝"载：上元一品天官赐福紫微帝群，正月十五日诞辰。民间则于春节开始，敬天官以盼福音。

历史上，民间贴对联也把天官赐福作为吉祥之联，广为采用。上联为"吉庆有余"，下联为"天官赐福"或"受天百禄"。还有用于影壁上的装饰"福字灯"，内容多为"天官赐福"，画面上除绘有天官和"天官赐福"字样，还有四季花和祥云等内容。

天官即上元一品赐福天官，也称紫微大帝，隶属玉清境。

道教中的三官大帝即天官、地官、水官，分治天、地、水三界，是考校天人功过、司众生祸福之神。其中天官主赐福，地官主赦罪，水官主解厄，故民俗尊天官为福神，与寿星并列。传说天官由青、黄、白三气结成，每逢旧历正月十五日，下人间降福赐福，故称天官赐福。

在中国民间，天官赐福的信仰很普遍，人们敬奉天官，祈求天官赐福，所以天官赐福的吉祥图或年画也很常见。图上一般画着慈祥和气的天官，手抱着如意，五个童子各捧吉祥物围绕在他身旁；或者天官抱着五个童子，童子手中分别捧着石榴、仙桃、佛手、梅花和吉庆花灯，寓意福星高照、吉祥富贵；也有的把天官画成身穿大红袍的一品官员，手中拿着展开的"天官赐福"诰命，上面有蝙蝠从天飞来，意指上天降福人间。

在新建地方的民间信仰习惯中，除夕夜交子时辰，历来都有天官赐福的传统乡俗，把福、禄、寿、喜、财的祈盼祝愿寄托在和人们的世俗生活十分贴近的五位俗神身上。

福神，是民间祈福的崇拜对象，最早源于福星。福星即岁星，原指木星，后由星神转为人们幻想的人格神。随着这种神力在民间的广泛传诵，福神开始与道教也有了深厚的渊源。道教原有三官神信仰，即所谓天官、地官、水官三神，又称三元。旧时新建西山万寿宫及全县各地道观寺庙都有三官庙、三官殿、三官堂，接受祭拜香火，并渐渐转为民间普及的福神信仰，天官赐福也成为民间表示吉祥的祝词，"福"字也成为家家户户祈福的标志。民间更有以蝙蝠代福的习俗，五福临门即以五蝙蝠图形为样式。

禄神，是民间崇拜的专司功名官禄的神，又称禄星神。最早指二十八星宿神中北方七宿中的斗魁六星，此星在古星相学说中被列为吉星，主大贵，所以道教尊此星神为主司禄位功名之神。禄神又称魁星、文昌星、文曲星，属北方文昌宫诸星，因道教供奉主宰功名、禄位之神梓潼帝君，传说玉皇大帝命此神掌管文昌宫和人间禄位，所以唐宋时禄神又多牵扯梓潼帝君。元仁宗延祐三年（1316），加封梓潼帝君，后与文昌神合二为一成为文昌帝君，从此成为天下读书人追求功名禄位时最崇奉之神。文昌帝君遍及各地，都单独建有文昌庙，有的或在庙宇中建立魁星楼。文昌帝君在民间信仰中由于始终未脱离原文昌宫六星，所以形成了组合神。

寿星，是民间信仰中祈愿长寿而崇拜的神，是主司人间寿命之神。最初，寿星是指二十八星宿中东方的角、亢二宿星神，后来指西宫南极老人星。汉代又增加了为人主占寿命延长的星神职司，以后几乎完全将老人星神作为尊老、敬老、祈年寿的吉神。到了唐代开元年间，将老人星与角亢七宿合二为一，特置寿星坛致祭。崇拜南极老人星为寿星神之初，专指此神司国运兴衰和国寿短长，甚至在许多典籍中认为出现老人星则"天下理安""治安""国命长""天下安宁"，不出现则"兵起""人主忧"。宋代广为传播的寿星神形象，额高长头，大耳短身，扶曲杖过首而立，有秃顶白须的善相，是民间最普及的世俗神之一。此神自秦汉以来都立祠以祀，到明初民间罢祠祀，转入各家各户供奉，成为祝愿长寿的一种最好象征。

喜神，是民间信仰中的吉神。此神源出何时，无从考究，在民间流传应晚于福、禄、寿三星神。喜神无星宿之说，也无神形可辨，这是此神的最大特点。民间讹传，喜神系一女神且蓄有长须。此女原是修炼神仙长拜北斗星神一女子，修真成道时，北斗星神因其虔诚便显形于女子前询问其所求，女以手抿口笑而不答，星君误以为此女求讨胡须，遂赐长须，并以其发笑呈喜相而封为喜神。只因有胡须，不再令凡人见其形。从此喜神专司喜庆，却不显神形，于是民间创造出喜神每日所居方位，按干支推算日时，按八卦定方位，以确定喜神某日某时在某位，设祭供奉求喜。按清代有关辨识喜神方位的阴阳术书记载："喜神于甲己日居艮方，是在寅时乙庚日居乾方，是在戌时；丙辛日居坤方，是在申时；丁壬日居离方，是在午时；戊癸日居巽方，是在辰时。"（见清乾隆敕撰《协纪辨方书》中《喜神》则）旧时婚俗十分重视敬喜神。新建地方，娶亲时新妇上轿、落轿的轿口一定要对准上述喜神当时所在的方位。旧时过大年还有迎双喜神的仪礼，在张贴"出门见喜""抬头见喜"春条的同时，农历腊月二十八日从凌晨起就有迎喜神、接财神的程序，按照喜神所在方位，由家长主祭焚香出迎。有的地方流行"兜喜神方"习俗，即奔往喜神方位寻求一年好运。喜神崇拜在旧时曾是梨园演艺界的行业习俗，许多庙宇设有喜神殿，这些殿是专供伶人祭祀的，每逢农历三月十八喜神诞日上演祭神戏。

财神崇拜也是最普遍的世俗神信仰之一。财神信仰源流似乎难以考究，通常认为自明代始有财神。实际上自宋代市商发展以来，较早的专司财利之神——利市仙官已经出现。元时又有了利市婆官的奶奶神。明代则传说招财进宝利市之神是赵公明，因此神名号是"金龙如意正一龙虎玄坛真君"，所以又称赵玄坛，此神下属有四神，即招宝天尊曹升、纳珍天尊曹宝、招财使者陈九公、利市仙官姚少司。这班神灵都是专司钱财珍宝的神，以赵公明为主财大神。民间受《封神演义》故事影响，对此神笃信。明清两代，财神庙香火极盛，商贾百姓无不年年迎祭财神。此神形象黑面多须，手执钢鞭，跨下黑虎，是一武将装束。因此，在民间又称其为武财神。事实上，早在晋代时的民间信仰中，赵公明是冥界统领鬼吏招募鬼卒的冥神将军，与财利无关。隋唐宋元各代，赵公明又是天上五鬼专司瘟疫的五瘟神之一，身着白袍，为秋瘟神，专于人间散播瘟疫。明代，赵公明成为求财宣利必拜的财神，此神在道教传说中是秦时道成受玉帝封召为神霄副帅的神仙，汉时受玉帝命为张天师护守丹炉，被封为正一玄坛元帅，故有赵公元帅之称。在崇拜赵公元帅的同时，民间还崇拜文财神，即财帛星君或增福财神，和福神的天官相似。文官红袍装束，面善慈祥，五绺长须。在近代，民间信奉的财神又多附会到许多地方传说的传奇人物身上，其中较为普遍的是把殷纣王时的忠臣比干供为文财神，把三国时的关羽作为武财神祭祀，至今香火旺盛，经久不衰。

新建地区的"天官赐福"具体表现形式和内容如下。

每年腊月三十日，为天官赐福日，家家户户都会贴上"天官赐福"字样或一个"福"字。随后，由家中长者戴青衣小帽，用红纸包好钱角子或银元，逐个分发给晚辈，众晚辈随后便在天官牌位前跪叩拜谢。这个仪式后来流于形式，拜天官也成了一种给晚辈发压岁钱的由头。

每年农历正月十五日，每个村子选出五位青皮后生，于清早爆竹声响过后，前往村中祖堂，祭拜福神、禄神、寿神、喜神、财神牌，然后焚香沐浴更衣，换上官服，请出五位天神面见。穿戴停当，便开始由锣鼓队、唢呐队陪同，沿村道游神，游毕，便依族中辈分排序，先后前往各家登门赐福。这种赐福仪式与跳傩及傩舞有别，其表演仅限于拜祭及唱偌，其唱词为：

（福禄寿喜财五星上）

福：吾乃福星。

禄：吾乃禄星。

寿：吾乃寿星。

喜：吾乃喜星。

财：吾乃财星。

同：天官下界，在此伺候。

天官：（唱）天宇降下来，咦……

玉皇旨意下凡尘。

前到人家献香礼，

唯愿他家登金榜，

赐他福禄命长生。

（白）我乃上元一品，赐福天官下界。左右，随我驾起祥去，下凡一走。

（唱）天边辞别圣驾……

正可叹，青龙似骏马，

白虎窜在下，

万载千年永无差。

金榜题名，

一统山河，

才是他家父子全掌,

方显贤家是贵人。

头戴乌纱色色新,

哎……

头戴乌纱帽,

身穿紫罗袍,

一步一步踩金阶。

哎……

三杯御酒,

两朵鬓花,

送出朝门外,

文武两班齐喝彩,

文武两班齐喝彩。

哎……

（白）天官来到，赐了他家福禄，加了他家寿年，还要送他贵子，加他满门官职。左右，随我驾起祥云，各归洞府。

7　社火

　　社火是新建县一项珍贵的历史遗存。长久的岁月中，新建人的祖先在繁重的体力劳动、田间劳作之余，总会寻找一些能给自己带来快乐的东西，一些自娱自乐、自发形成、众人参与的活动。在年节习俗之外，便有了社火这种形式。

　　社在古代指的是土地神。兴社火，就是祭祀土地神。《白虎通义·社稷》记载："人非土不立，非谷不食，土地广博不可一一敬也，故封土立社。"《礼记·祭法》："共工氏之霸九州也，其子曰后土，能平九州，故祀以为社。"

　　社又有众的意思。《管子·乘马》叙述："方六里，为社。"意思是说以方圆六里为一社。以社为一个集体，大家击器而歌，围火而舞，所以就有了社火。社火不仅有它的祭祀性，而且有它浓厚的趣味性、娱乐性。明代画家唐寅写春社观灯就很有趣："有灯无月不娱人，有月无灯不算春。春到人间人似玉，灯烧月下月如银。满街珠翠游村女，沸地笙歌赛社神。不展芳尊开口笑，如何消得此良辰？"

　　新建历史上一直有过社火的习俗，官府、民间争相祭祀。清康熙《新建县志》就详尽记载了新建县衙祭社的全过程。

戊祭　仪注

每逢春秋仲月戊日致祭

遍赞二生分班立唱

陪祭官就位　主祭官就位　执事者各司其事

瘗毛血　迎神　鞠躬　拜兴拜兴拜兴　献帛　行初献礼

引赞二生分班引上　通唱　诣漱洗所　漱洗　诣酒菜所

司尊者　启幕酌酒　诣

府社神位前　跪　献帛　献爵　俯伏　兴　诣

府稷神位前　跪　献帛　献爵　俯伏　兴　复位　通唱

诣　读祝位

引赞二生引上唱　跪　读祝文　读祝者捧祝旁跪读　维　皇清某年岁次某仲春（秋）月某塑越祭日　某　新建县知县某　是丞某　典史某　教谕某　敢诏敢昭告于本省府社神位前

本省府稷神位前　惟神品物滋生承民及粒养育之功　司土足赖　今当仲春（秋）理宜祈（报）祀　谨以牲帛醴韭粢盛庶品　只承明荐尚飨　通唱　行亚献礼

引赞二生引上　诣

俯社神位前　跪　献爵　俯伏　兴　诣

俯稷神位前　跪　礼同初献　复位　通唱　行终献礼　礼同亚献　复位通唱　饮福　受胙

引赞二生引上　诣饮福位　跪饮福位　受胙肉

俯伏　兴　复位　通唱　辞神　鞠躬　拜兴

拜兴拜兴拜兴　读祝者捧祝　执帛者捧帛

各诣望瘗所　望瘗　揖　复位　撤馔　揖

礼毕

新建地区不仅官府早年设社坛祭拜，民间村乡也遍筑社坛以便于村民祭祀。乡间不少地方至今所保存的早年祭祀修筑的社坛，就是最好的见证。我的老家村西北就有社坛两座，只可惜包产到户后，有人为拓荒将社坛平整为田地，但社坛的面貌至今犹存。尤其是老家昌邑山西北有个村子至今仍以社坛为名，叫作社林周村。因为这个村子的出口有一座社坛，社坛的周遭长满了香樟树，很有些神秘的气氛。

新建社火的形成、衍变、发展，与我国原生宗教道教有很大关系。新建县的西山岭内，道教场所遍布。尤其是在西山的南端九龙山前，有座千余年的道教净明道祖庭——西山万寿宫。长年累月的祭祀活动，使人们对道教净明道祖庭顶礼膜拜。每逢农历八月朝觐季节，众多的善男信女，戴着傩面具，敲锣打鼓，吹着唢呐，拉着二胡，托着竹龙，前来西山万寿宫进香。而社火受宗教香火的启发，也与日俱盛。社火鼎盛的时节，应该是春、秋两季的春社日和秋社日前后，即春季浸种之前，秋季收获完毕之后。春季的社火是人们为当年即将开始的耕种祈祷，希望土地神能够在未来的日子里，佑护地方风调雨顺，五谷丰登，不要出现瘟疫邪疾，不要出现水旱灾害，平平顺顺过完这一年。到了秋祭的日子，社火祭祀的目的和心愿又有所不同。秋谷上场后，一年的收成已经在望，田地不负种田人的劳作，多少能给种田人个温饱，于是人们就感念土地神的功德，感念土地神厚爱子民。人们在获得了收成后，喜形于色。于是便在乡场上、社坛边，载歌载舞，大吃大喝，欢庆丰收的日子。这一天到来后，人们有的戴上面具，开始傩戏的表演；有的将得胜鼓从祖祠的祖宗牌位后请下来，尽情敲上一通。最时兴也最有意义的就是将供奉在祖祠中的菩萨请出祠堂，安放到几座响轿上。这几个菩萨有杨泗将军（据说他是玉皇大帝的外甥，二郎神杨戬的儿子）、白马好汉（白马道长）、张三大王（赤脚张三），还有梅山太子（伏魔三太子）、阳神菩萨（毫毛生光，阳神老成），最后一顶轿子上放的便是镇国将军，这位镇国将军在每个村子中供奉的对象不同，名号也不同。这位镇国将军应该是在这个村的历史上，为村子里的兴旺发展做出过突出贡献或是特殊贡献，甚至为村谋利而捐躯的人物。响轿，轿如其名。但一般人们都认为响轿的机巧是由于抬轿的轿杠用料是竹子，竹子发软，因而吱溜吱溜作响。而这种响轿是由于制作时，工匠有意在响轿的耳边和轿杠穿插的位子间，留的空隙不一，只要抬动，轿子便会响。响动大、制作精良、上等的好响轿，轿子发出的响动在一里之外就能听到，让人产生一种神奇感，从而对宗教油然而生一种敬畏和恐惧，虔诚顶礼膜拜。

响轿出祖堂的一刻，是社火活动高潮到来之际。这时候，菩萨在前，龙灯在后，锣鼓、爆竹齐鸣。由于每个村庄过社火的日子并不在同一天，所以，每个村的社火活动都会有周围四邻八村的人来看热闹。几声土铳响过，响轿游街的时刻就来到了。响轿和龙灯围着自己村子里的山塘、水田、山林、水井、祖堂，逐村挨户游个遍。所到之处，都有人家焚香燃爆相迎。民间有民谣歌唱得好：社公社婆，打面打锣。娘老子磕头，耶老子装香。忙得媳妇团团转，笼里捉鸡又捉鹅。

村子里响轿和龙灯成了社火的主角。响轿回到祖祠后，还有新一轮的热闹场面开始。村里众家请来的采茶戏班子，开始在临时用门板搭起的戏台上粉墨登场。新建有句俗语：锣鼓一响，脚板发痒。众多的看客云集在村场中，被这地方戏渲染得激情四射，有的热泪横流，有的得意忘形。戏中角色的个人遭遇深深感动了台下的看客。有人随着台词喝彩，有人随着唱词和声。戏台的旁边，一张张四方桌、八仙桌一溜排开，人们围在桌子旁边打麻将、推牌九等。此外，女子们踢毽子，男子汉举石锥，孩子们在大人中嬉戏打闹，穿梭不停。大人小孩各有其乐，整个村子成了快活林。

到了午饭时分，便又有一出好戏看了。每家每户在这之前好几天就向自己的亲戚朋友发出邀请，请亲戚朋友务必在村中的社火日来家中做客。主人不计较客人所带礼物的多少。早年，很多亲戚提前就会在家中将黏、糯两种米同时磨碎，然后，用一种木刻的木模做米粑，木模内里或刻喜字、或刻福字、或刻寿字，这种木模叫作盖粑。将糯黏、糯两种米粉揉匀后，将米粉泥一小块一小块地填入木盖粑中，很快，一个个米粑便做出来了。客人带来未蒸熟的盖粑做礼物，主人见到便兴高采烈地将客人迎进屋，好茶好酒款待。新建地方有个不成文的规矩，村子里每家都以客人来得多、摆的酒席多为荣。到了这一天，如果自己家里才来寥寥几个客人，主人一定会灰头土脸，在村众面前抬不起头。也有家境贫寒、做不起东道主的家庭，只有去村中祖祠，帮众家做些打杂之类的琐碎事，赚些酒肉待客。村中主事的士绅也会特别开恩，加大份额，有意帮衬，给这些帮脚者予以资助，这也算是给全村的名声贴金，没有谁家会省酒待客。一家爆竹响后，家家户户都闻爆竹声。紧接着，全村便充溢在酒肉香气中。酒席宴上，主人也会热情地带领客人看自己的秋收冬藏，展示自己的富庶与殷实。同样，在酒桌上，主人也会拿出自家酿制、珍藏在泥土中多年的上等佳酿——清明酒来款待宾客。好酒好菜一桌，山珍海味应有尽有，只要是山上找得到的、湖中捞得到的、用钱买得起的，再珍贵的菜肴都会摆上桌，以显示主人在村中富甲一方，他人无可比拟。

社火到这时，便是酒过三巡，酣醉如梦时分。

到了近当代，戏台上的锣鼓仍然在敲，卖艺的仍然在吆喝。既有没日没夜的戏看，又增加了夜间的露天电影，真可谓灯红酒绿，灯火通明，灯火阑珊处，盛景不夜天。

举行社火的日子，也是民间的赶墟日。只要听闻哪个村子过社火，各种各样的小商小贩、卖艺变戏法的、演杂技的，都会适时赶到，用自己熟悉的门道赚看客的钱。商业氛围也让社火开始满足人们追求美的要求，女孩子在寻找各种美丽的发饰，男孩子在寻找自己适用的围布、汗巾。老人们在试戴礼帽（筒帽）、试用手杖，孩子们在寻找对味的小吃，南昌地区盛行的白糖麻糍、麻花、冻米糖、屁股饼等。当然，还有占卜算卦看面相的也来凑热闹，甚至连不少叫花子也趁社火不辞主、不欺客的习俗，前来分一杯羹。社火让每个人都有自己的选择，又会让每个人得到自己不大不小的一份满足。

8 喝血酒

早年,西山一带有一条不成文的规矩:每位红丁,凡年满十八岁那日,就意味着他已经步入了成年人的行列。这位年轻人就必须在族长的引导下,在祖堂上向列祖列宗行三跪九叩大礼,同时在列祖列宗面前摆上参拜红丁用的饭碗,每只碗由旁边的侍应斟上酒,然后,宰了公鸡,将鸡血洒入碗中。族长将血酒依序端给每位红丁,然后念念有词,犹如誓词的性质。每位红丁也跟着发誓。

从这一天开始,参拜的红丁就必须自立,替父母分忧,管理家中一应大小事务,成为一名真正的男子汉,成为家中的主心骨。入夜后,行成年礼的后生,都在族众的拥领下,再度来到香火堂,祭拜祖先,将生辰字牌领回家中。大家遍游村路,爆竹一路伺候,不得中断。近年来,更是礼花相迎,通宵达旦,人们彻夜不眠庆生度岁。

9　庙会

流光溢彩，爆竹声声响，祥云瑞气绕西山。

在这里，许逊的名字是神灵的象征，成千上万的人们虔诚地向他的塑像顶礼膜拜，烧香磕头，寻求他的护佑，表达对他的崇仰。每年农历八月初一，是许逊飞升福地的开朝日。在这前后各半个月里，西山周围九邻十八县，十之七八的农家都斋戒朝拜，相沿一千余年，香火不绝，场面好不壮观。庙会期间，万寿宫香客众多，商贾云集，人山人海，拥挤不堪，山路上、街市中、宫殿旁、居家中，满山满垄都是人。西山街上，所有酒肆饭店都挤满了香客，即使场内搭起许多临时帐篷，仍有不少香客在街头露宿。宫门外到处是摊贩，小百货、土特产琳琅满目，叫卖声日夜不休。夜间戏台上有专业或业余戏班演出，在演出之前，先到殿内祭神，然后才可登台。

在封建社会，西山万寿宫就香火鼎盛，来这里进香者有骑马坐轿的达官贵人，有执香徒步的平民，有衣冠济济的学士，更有扶杖背包、缓缓而行的白发公爹、老妪。

如今农村的经济形势大好，人们的生活水平逐年提高。富裕的农民，手中有了钱，花得尽心、花得如意。今日进香花小钱，拜菩萨护佑，明日才可平平安安赚大钱，再来万寿宫旅游、进香，于是，慷慨解囊自在情理之中。据万寿宫缘簿载：每年大朝期间，正殿中写缘台前人头簇拥。人们手捧着大把大把的钱，毫不计较能不能在缘簿上留名。只有丢了钱，了了心愿，才能心满意足。在香客的行列中，不少城里人带着游览、观光的目的来凑热闹。他们拍照、合影、采风，寻找乡间生活的乐趣，寻找一个与他们的日常生活迥然不同的世界。

在万寿宫正殿内，许逊的巨型塑像前，端坐着一位仙风道骨、银发鹤须的长者。他漠然地面对着人们的朝拜，丝毫不为周围沸腾的世界所动。他是宫内的道士李诚心。

他是本乡人。幼年时，因家贫兄弟多（家有七兄弟，他排行老六），父母迫于无奈，将他送到西山万寿宫当道士。

自他入宫后，高峰时，万寿宫有道士三十多人，全靠香火钱维持生计和宫内外开支。抗日战争期间，日本兵占领万寿宫后，烧杀劫掠，杀死道士十多人，待抗战胜利时，宫殿恢复原貌，仅剩十余名道士。中华人民共和国成立后，好几个道士随军南下帮忙搞后援。有几个干脆穿上军装，当了解放军战士。唯李诚心，守着宫殿，料理香火，清静欲寡，素香度日。

在西山街头，流传着这样一句俗语：远地客拜菩萨，近处人吃菩萨。庙会期间的生意旺，吃食、小玩意以及香纸都是利市商品。西山街上，三教九流和稍有些门道的人都加入了经营者的行列。当然，吃菩萨的方法不同，在庙会期间，也有一些不入流的吃法，如做那见不得人的勾当，扒墙入宫，四处窥觊，抢偷香客的荷包，结果被警察瞄上逮住，驱逐出殿。

据传，许逊全家是吃了叫花子饭升天的。于是叫花子也成了宠儿。庙会期间，也是这些人聚首的时机。真瞎子，假拐子，"讨钱的万元户",都来了。

各地到西山万寿宫朝圣的男女信众日以万计,尤其是农历七月三十日(或二十九日)晚上,西山街上人如潮涌,水泄不通,宫内宫外爆竹声通宵达旦,人头攒动。

10　香社

　　为了祭祀共同的神灵或主神，表达消灾祈福的意愿，同一地域的人们，共同集资、共同祭祀，因统一的信仰和大致相同的目标而组成的朝拜团体或祭祀组织，称为香会组织，也叫香社、香会、朝觐会。

　　旧时烧香一般有零散香客和社团、香会组织的香客两种。零散香客进香比较简单，到庙会时临时自愿结伴同行，活动由自己安排，不受约束，不用举行仪式，只是跪拜、烧香、献供，随心布施，以表示虔诚之心，活动随即结束。有组织的香客，朝拜的日期、住宿地点、仪仗以及进香活动等一切事宜归香会的香头统一安排。先烧香、跪拜神灵，再由香头表诵。他们表诵的韵律一般比较简单、通俗，带有民间文学和神话传说的性质。部分香会表诵时由香头带领，香客齐声唱诵。表诵完毕再行献供、布施香火钱。最后在庙会前举行文娱活动，仪式才结束。

　　道教的法事（即仪式）往往是为民间香会做的，而香会的成员并不认为他们自己是道教徒。他们把道士当作民间信仰的专家，而他们的组织基本上属于当地的民间组织。这种香会组织在烧香集中的日期和庙会活动中，常常共同举办各类民间文艺活动，以欢娱神明，表达自己对神明的感激之情。

香会既然是一种组织,那么就有一定的组织形式。一般情况下,香会组织由同乡同姓之人组成,也有的香会由异地同姓或同地异姓之人组成,还有的香会组织是由同行业人士组成。总之,没有严格的规定,可以自由组合。香会组织的人数没有限制,一般由一村或数村的十几名、几十名或上百名香客组成。香会的会员称善男信女或弟子。

11 割瓜

白玉蟾,南宋道士,曾目睹西山万寿宫的祭祀活动。他说,唐宋时期每年夏季,"诸乡士庶,各备香华、鼓乐、旗帜,就寝殿迎请真君小塑像幸其公社,随愿祈禳,以蠲除旱蝗……先期数日,率社首以瓜果献于殿前,名曰割瓜"。

每年农历七八月间,各乡村的人准备好香花,打着鼓、举着旗帜,到万寿宫真君的寝宫前请真君的圣像,并抬着真君木塑偶像在各乡周游一遍,以祈求避凶除害。两个月内要抬着真君的圣像游遍洪州府和瑞州府全境,为感谢真君除凶降福,南昌、高安、丰城、奉新全境的人都一起到万寿宫去祭拜真君。在活动开始的前几天,各乡村及香社的组织者用新鲜瓜果供奉于真君的殿前与寝宫,预先告诉宫观里的道士,说明迎请真君圣像的日期,到时再派人来万寿宫迎请圣像。每年七八月是豫章地区瓜果成熟期,使用瓜果敬献许真君,供品既是最容易获得的土特产,又是许真君保佑的成果,可谓一举两得,因此这一活动在豫章信民中代代相传。

四 万寿宫乡俗

1 节日习俗

节日习俗是西山万寿宫一带的重要民俗之一,对此地区礼俗的构成、社会的进步都是动力。节日习俗既有教化作用,又有凝聚人心的功效。沿袭这个传统也是西山万寿宫一带的家族仪礼、家教宗规、习惯习性。节日习俗的不断演变,也对西山万寿宫一带的生产、经济、文化产生了深远的影响。

节日习俗在西山万寿宫一带人民的生活中有着非常高的地位,这个地区的各种乡风民俗应该同属于一个模式,习性、时节都十分相似。这种一致性,使当地人民相互间的交往、联谊都表现出相融相通、相互敬重。节日把当地人连在一起,让人们在这"节日习俗"桥上自由来往,结亲访友,成为至交。

人是有感情的动物,在节日习俗中,充满着小辈对长辈的尊重、长辈对小辈的期望、夫妇间的亲情、家族成员的和睦相处。

节日习俗之所以成为西山万寿宫一带人民的共情点、共亲点、共荣点,也与这一地区的气候特点、水土习性、生产条件相关,这是节日习俗形成的先决条件。江南稻田生产作业的辛勤与劳苦,使人们渴望在农闲季节,或者是在农忙季节忙里偷闲,寻找一份开心、一份痛快、一份惬意。节日习俗点燃的激情既消除疲惫，又让人收获劳作之余的幸福日子。

西山万寿宫一带的节日习俗，盘根错节，根脉众多，将每个情节细化，可以让人们增进对节日的了解，或许也是一种享受。

做冻米

下半年，秋谷上场后，过个好年的愿望便提到了每个家庭的议事日程。尤其是秋霜过后，这种愿望尤为迫切。年俗是每个家庭下半年开始操办和忙碌的头等大事，做糖块是年节的头道菜。糖块做得好不好吃，款待客人时能不能得到客人的赞扬，这是每个家庭非常看重的。要做糖块，就得做冻米。用冻米做糖，就叫冻米糖。这种糖块，因为黏结度似冰冻状，因而得名。

做冻米

每年霜降节气过后，西山万寿宫一带各家就用新收获的糯谷翻晒、破米。深秋或初冬的某一天，各家家庭主妇在夜半起床，在火上架上甑，大火起蒸。这柴火也是早就备好，一律用硬柴为料。直至天亮太阳出来后，薄雾中，糯米饭早已蒸熟，只待有些光照，人们便将甑中蒸好的热糯米饭倒进竹篾编成的晒垫中。经太阳烘干后，将半成熟的冻米挑至碾米间，安排自家小儿赶着牛碾米，然后，将碾好的米从碾巢舀出，挑回家中，倒进木制风车内扇掉米屑之类，过稀筛，冻米原料方算大功告成。

煎糖

每年腊月，煎糖是西山万寿宫一带各家必须制作的年货。家家户户早早用罩箩放进一定量的麦粒，蒙上禾草，每天适量泼点水，等待大麦发芽。农家主妇每日细心观察麦粒的发芽率，观察麦苗的成长情况。直至芽头长绿，择个天气晴好的时日，将整块厚厚的麦芽切成碎块，剁成芽渣，倒进大铁锅煎煮。大概在锅中熬制四五个时辰，麦芽糖在锅中翻起了大泡泡，麦芽才算煎制成功。

煎糖

之后，将冻米炒熟，将芝麻炒香，和上麦芽糖拌匀成块状，铲进干净的大口脚盆中，请来壮汉隔布踩紧踏实。待冻米糖板结成一大块后，将这块大而厚的冻米糖倒进肚盆中，进行切割。每块约长寸许，糖香甜脆口，做得精的，在整锅芝麻糖中掺进半斤白糖和几两猪油，其味更是鲜甜爽口，让人吃后啧啧称赞。这冻米糖也因渗进的食物不同，其叫法也不同，有的称芝麻冻米糖，有的称花生冻米糖，有的称爆米花冻米糖。

杀年猪

每年立冬过后，西山万寿宫一带的殷实人家，都会将自己当年养的猪杀上一头，制作腊肉，此谓杀年猪。一旦定了年内将要杀年猪，家主就得先定好杀猪佬，请地仙或占卜好手挑好日子，并在亲戚朋友中登好肉帖（即登记各家要肉斤数量的帖子）。到了杀年猪这一天，家庭主妇在猪栏前焚香谢恩，请土地公保佑明年六畜更加兴旺。同时，这前一日，猪已隔溲（即不给喂食），到了这天早上，主妇只是象征性地给猪喂几片菜叶，然后，杀猪佬拿了套索便进栏套猪了。猪被杀猪佬和几位年轻力壮的小伙子七手八脚扛上凳后，杀猪佬用尖刀朝猪头连敲三下，然后下手，在猪的喉管处捅上一刀。待猪血流净断气后，杀猪佬便从猪后脚跟的小蹄处切开一口，用铁棍朝猪前、后、中三个方向直插至猪前胛。随后，杀猪佬拼尽气力给猪吹气。猪鼓起来，猪皮绷紧后，杀猪佬方才住口，用手止住蹄口的创口，用麻绳扎紧以防鼓起的猪消气。然后，东家将烧开的水用木桶提来，把猪拖进猪盆，将开水倒入没过猪身。杀猪佬随后便用篾绳、铁刨脱毛，直至能够用手扒净猪毛为止。

猪身泛白后，便将全猪起盆，然后，让猪趴于盆上，杀猪佬便开始照脊动刀，这

杀年猪

时,东家当鸣爆竹以示庆贺。猪挂到木梯上分边后,杀猪佬便开始剁肉,将肉分成条状。亲戚、朋友、邻居在主人的肉单上报了斤两的都来按自报的斤两称肉。

各家得了年肉回家后,便将年肉踩进大缸,一层层撒盐。到了起卤水的这一天,便将咸肉起卤,挂到屋檐下日晒,直至晒干肉中水分。然后,便挂到堂屋的长钩上,以备过年用。腊肉便制成了。

腊八

有人说,腊八节是过年的开始。从这天起,人们开始布置新家、办年货,集市墟镇上一片新气象。腊八这一天,人们一般无须敬天地、祭祖与餐宴。民间认为,这一天吉利,年轻人结婚也多数选择这一天,说是"若要发,腊月八,若要发,不离八"。不管这一天干支凶吉如何,老百姓都认定这一天是铁定的吉日,在这一天娶亲嫁女的特别多,路上不时有喇叭、铜锣等响过,花轿过了一拨又一拨。此外,在这一天还有人家修建炉灶,也有人家喝腊八粥,而一般人家只口头说说"今天是腊八日子",讨个口彩,以示临近过年了。

腊八节娶亲嫁女

起鱼

起鱼

每年腊月,尽管天气寒冷,但是过节的气氛使西山万寿宫一带沿岸的村落都开始做好节日吃食的储备。到了腊月初,村里的主事者便令村人将村子里的前港后河、前塘后汊做好计划,商定好起鱼方式。每个自然村都要用多部水车车干村前的门口塘,在前港后河放水捉鱼,然后全村按照村规约定俗成,按各家红丁及鱼的数量进行有比例的分配。每家分到鱼后,全村男女老少高高兴兴如同过年,当夜便打牙祭,全村飘出同一种的鱼香,让人口水直流。剩余的鱼开膛剖肚,用盐踩缸,晒干做成过年筵席上四盘两碗中必不可少的一道菜。同时,每家都要挑其中一条鲤鱼,剖肚掏出内脏之后,不开脑壳,腌制入缸。出腌缸后,用竹签撑住鱼肚皮,晒干后留着过年祭祀祖先时用,作为端在礼盘中的"三牲"之一。

小年

过年,是传统习惯的体现,也是对过去一年生活的总结,及对即将到来的新的一年的展望。庆贺丰收,祭祀祖先,辞旧迎新,纳喜接福,年的意义就是在这些特立而又随意的情境中完成的。

到了农历腊月二十四日,早上的爆竹响过后,这年味就浓起来了。"过了二十四,天天有酒做;过了二十四,天天可过年",意即每天都是小年。过小年(农历

过小年

腊月二十四),这是西山万寿宫一带比较统一的节日,有的地方也叫细伢子过年。这是西山万寿宫一带每年腊月过的第一个年。这天之前,各家房屋内外上下都要打扫,洒扫庭除,以消除晦气、除旧布新,清清洁洁过年。湖边人家一大早便在祖堂敬香,有的人家杀鸡摆席,中午各家弄好肉、鱼、米团、糯米汤圆、酒、饭等,点烛焚香放鞭炮,敬天地祖宗,感谢神灵祖宗的保佑,祈求神灵祖宗多多赐福。随后全家人便济济一堂,一道入席就餐。凡雇请长工、短工伙计的商家财户,这一天中午敬天地后也会款待家中的下人。下人们受雇一年,到了这一天算是到期,双方翻出全年账簿结算工钱,重新商议下一年的雇工协议。从过小年这天起,进入过年期,年味越来越浓。每年的腊月二十四晚上,民间有送灶神上天的习俗。集镇上的商贾大

四 万寿宫乡俗 | 81

户，大多设宴请客，款待与其有生意往来的同行及大客户。店员伙计多数结账停工，背上行囊回家过年。

大年

过大年，腊月二十六至除夕，西山万寿宫一带，每个村每天陆续都有过年的。也有大年三十晚即腊月最后一天过大年的，俗称跑马年。过大年，是每个家族最为看重的节日，俗称家年。为什么每个家族过大年的日子不一致呢？据湖区祖辈传下来的说法是：秦始皇当皇帝时，为了修万里长城，从全国各地派征壮丁，这些壮丁被征调服劳役后，一年半载无法回家，只有等到年关时才回家过年。由于动身时间不一或路途中遇有风雨阻隔，有的人家主人到家早，有的人家主人抵家晚。每到腊月，家家户户都期盼着在北方服劳役的亲人早日回家，全家团聚一同吃团圆饭，所以过大年的日期也就早晚不同。一旦亲人到家，全家高高兴兴诉说离别思念之情，这天也就像过年一样。家人早起，杀鸡、炒冻米、煮腊肉，把煮了的整鸡、整块腊肉和一条腌晒干了的大鲤鱼（谓之"三牲"）及酒杯堆装的饭以及白酒三杯置于贡盘内，然后由家中男丁长者端至祖宗牌位前，

过大年

意为贡品。另备香纸、烛、爆竹，大人小孩穿戴一新，按照族规，小房支供香火堂的户家或人丁不很旺盛的族众先进祠堂，依此为序将上述祭品集中排放于香火堂或族下祠堂上方的供桌上，各家的祭品集齐了叫齐年货。各家依先来后到的顺序开始烧烛点香并插于神龛前的香火炉里，同时有些年轻人在一旁敲锣打鼓，此时各户到场的红丁齐整排行，先跪拜天地再转向跪拜神位、祖宗牌位，接着是爆竹响成一片。主祭喝偌过后，护祭人等敲响神灵祖宗牌位边的磬，以告神灵。人们拜毕起身，互致祝贺恭喜过年，说些吉祥话。祭毕，各自端贡品回家，全家人吃腊鸡、腊肉、汤泡炒冻米，并吃煮的腊肉块，谓之吃锄头金。中午，各家做宴餐过年，自此，各家每晚要到香火堂上香直至过了元宵节才停止。

上基谱

谱牒之妙，就在于它记录了人类传宗接代的历史。用文字记录下来这历史，一是不会埋没祖先，二是不会本末倒置。西山万寿宫一带各姓各支各派，自有族谱以来，都十分重视谱牒的功用。每年最后一天，合族男女齐聚祖堂，由族下的先生按添丁人家所报当年生下的红丁（男孩）的出生年月日时，记录到村子里的小谱上，待积累数年后，整理校正。到了本姓重新修谱时，列入族谱之中。这就是各姓传序至今的上基谱。

上基谱的仪式，可隆重也可简单，有的村上基谱，唱小戏、唱道情，敲锣、打鼓、放鞭炮。上基谱的仪式，首先是当年要入谱的后辈排列有序，举香点烛将列祖列宗的牌位修葺、擦拭一新，烛光映衬着牌位放射出别样的光芒。待几声锣声和磬声响过，主祭人一声吆喝"叩拜列祖列宗"，众位后生便齐刷刷参拜祖堂中的列祖列宗。众人行三跪九叩大礼，特别是要上基谱的红丁，要在大人的带领下，十分虔诚地完成仪式。小男孩在行大礼之前还必须洗澡、净身、薰香。当年村里有红丁要上基谱的人家，各家都要买上几十斤屁股饼或者算盘饼，再就是饼干、糖果、水果之类的，撒给村里前来参加上基谱仪式的男男女女，让大家分享添丁加口的喜悦。众人相互道贺庆祝一番，以享族下人丁兴旺之乐。有的族下，众家有祖田收入，就以族下积攒的钱，大摆酒席，并请来三脚班唱戏，以示庆贺。

烧樟

在西山万寿宫一带散居的百姓，由于所处地势低矮，瘴气较多，为了驱逐瘟疫、赶走病魔，每年大年三十晚上或正月十五元宵夜，家家户户都要折樟树枝叶，在自家门前，点上一堆旺火。老辈上年纪的，口中念念有词：烧樟灭瘴，樟神显灵。到了这个节日，没有樟树的村子，总会打发自己的孩子去有樟树的村子，不惜代价，也要折几根樟枝回来，确保大年三十晚上这盆驱邪避祸的旺火燃烧起来。

久而久之，折樟除瘴便相沿成习。有的村落，在那天晚上甚至堆了樟树叶，众人围着篝火，载歌起舞，年轻人放开嗓子对唱盘歌，

烧樟

男女姻缘也便随了这盘歌得以成就。如果当夜有多位男女互相看中，便在盘歌中圆了愿望，其家族便会煮了整锅汤面，让参加盘歌的人进食，众人也会说上一些吉庆好辞，向成双成对的男女道贺庆祝。有的戏子干脆凑热闹，开锣唱戏，一直闹到天明，方才作罢。

这种大家在一起吃汤面，就叫吃和合面，有的也叫盘面。

收账

每年到了最后一天，商家店铺以及大户人家都要扎账清仓，理欠盘点，将客户、佃户所欠租谷债款登记造册，由管家或账房先生带领家丁前往欠债人家上门讨要。欠家见催账人上门，先是敬茶备烟，热络一番，随后便杀鸡办饭，煮酒摆席，盛情款待，给足催账人的面子。随后便将自家一年来的收成、经济往来情况及生意场上的盈亏状况，细细地向东家叙说一番。催账人便发话：有钱交钱，无钱交粮。实在无力还债者便将儿女质押，去大户人家打长工或者做丫鬟。

欠债户自是唯唯诺诺，谨慎小心应对。为了能尽快将催债人打发走，欠债人也会给管家等主事人塞些碎银子。这催债人见欠债人懂得这一套，就不再强要。反正一句话：人不死，债不烂。何况债也不是欠在自家头上，催到钱就交钱，没有催到钱就交话。在主人面前替欠债人说几句好话，搪塞一番。主人见管家也催不到银子，就认为欠债人是真穷，骨头里也榨不出油，便骂上一通，发泄一下怨气，抽上几口水烟，也就作罢。管家摸透了主子的脾性，也就放个长线：等到明年，早早去欠债人家里催逼债务。

当然也有那脾气傲的欠债主，不仅不还账还没个好言语。管家的算盘还没拨完珠子，账还没算完，他便火冒三丈，骂主家的祖宗三代。管家也不是吃素的，你不仁，我不义，一个眼色使向家丁。众人

收账一　　　　　　　　　　收账二

一齐上前，不是抓猪，就是抓鸡，有的干脆将欠债的女儿拉去抵债。

旧社会有句俗语：有钱的大三岁，无钱的做晚辈。佃户欠债，日积月累，越欠越多。如果家门不幸，出个天灾人祸，就得一辈子都替主子"做崽"，随主家打发。佃户的命不如狗，这就是他们生活的真实写照。

佃户过年，无米无钱。有的佃户，早早盯住村路，只要看见主子家的账房先生前来要债，干脆关门躲债，往山上的石缝山涧间躲上一夜，到大年初一晚上，方才回家。

大年三十晚

大年三十之前，各家各户都要洒扫庭除、除尘清污，将屋里屋外打扫得干干净净。家家户户用春联、门神、花笺、年画将自家装饰一新,再采些柏树、樟树枝叶回家。傍晚,各家在门前点燃这些树枝,称为报生,以除瘴气,幸福长青。除夕之夜,合家欢聚过年,吃团圆饭。家境富裕的,酒席丰盛,菜馔满桌,全家欢乐;生活水平一般的,也要打酒剁肉,杀鱼宰鸡,吃喝一番。俗话说:有钱无钱,都得过年。穷困潦倒之人,家中无钱年关难度者,躲债于外,在别家鞭炮响、酒肉香中,凄寂回家。灶头凉,桌上光,唉声叹气看着别家过年。各家吃完团圆饭后,家长需要给小辈压岁钱,象征增福增寿,岁岁平安。接着全家在火塘中点燃柴火,团坐烤火守岁。到了更漏时分,静听禽畜开口,以卜丰歉。乡间早年有"猫干、狗湿、鸡荒、牛熟"之说,意思是这四种禽畜谁先叫,即预示来年年情。到了午夜时分,村子里各家各户都会相继关门打爆竹,谓之关财门。午夜子时以后,方可再开大门,谓之开年。这时又得打爆竹,接年。大年三十晚关门关得越晚越好,正月初一一大早开门开得越早越好。

除夕

拜年

新年正月初一一大早,村子里家家户户焚香燃烛,开门大放鞭炮,意在迎财接福。一大早洒扫庭除时,不可将垃圾清扫出门,要将

拜年

其留在堂屋旮旯儿,以免将财气扫出去,使家中新年财气不旺,惹秽气。接着,晚辈开始逐家向长辈拜年,祝福祝寿。正月初一早餐食素,以青菜豆腐为主,不吃荤腥。男女老幼都穿戴一新,将年前置买的新衣服穿上,相互见面拱手道贺,说话处事彬彬有礼。这一天禁忌打架争吵,以求全年吉祥如意。

正月初一中午不请客,不吃客饭,家宴酒席讲些排场,以续家风。酒席上,大人都会在孩子们敬酒时,说些吉祥话,如"读书带顶子""出门求财运"等。到了下午,一家人坐在火塘边,讲古说笑,老人们尽享天伦之乐,孩子们尽孝尽心,侍奉长辈,一家人其乐融融。

拜外年

正月初二、初六,亲戚朋友相互走访拜年,恭贺新年。很多人家趁此好日子办喜事。有的人家办婚礼,有的为老人做寿,有的为孩子做满月酒,有的让孩子摸周。年前结婚的夫妻,年后带上刚生的孩子出访的,村村如是,好不热闹。

年少的,去外婆家,一路上,大家嬉笑打闹。村道上,熙熙攘攘,人来人往。路人过客都会挑上或拎上礼篮。礼篮中的礼物,按老规矩也按乡俗来置办，约定俗成。礼物成双，不能送单，而且至少要有四样。当然，也有穷困人家，送不起礼，不得已，只送两样，但这只是少数人家。大多数人家再穷也不在送礼上做个寒酸相。而外婆等长辈也不得歧视外孙，小看微薄之礼，一句"来了就好"，让外孙心下多些安慰。"礼无厚薄"，让送礼者心下稍安。中午，外婆家安排酒席，在排

拜外年

座次时，送礼寒酸者总是自己先坐到最不起眼的位子，自认为是"小人"。

悼亡

在西山万寿宫一带，人们对三纲五常十分看重，家教以孝为先，不忘根基，不忘祖先，是做人的根本。民间尤其注重荫庇说，从小老人就时时刻刻告诫自己的小辈：人来到民间，都是因为祖宗在地下显灵，帮助自己的后辈转世，以使家族兴旺强盛。后辈在接受这种教诲时，便对家族先辈产生敬仰之心、厚报之情。因此，在平日的祭祀活动中，总忘不了对先人祭奠一番。如结婚前一日必须"叫祖"，考试及第前必须"祭祖"，出门求财前必须"祭拜"，孩子出生后必须"拜祖"，等等。就是在庆贺节日时，也不忘祖先的恩德，要腾出时日，开展祭祀活动。

在民间，正月初三、初五称新香日（忌日），有的地方也有以初四日为悼亡之日。年前家中如有长辈亡故者，这天都在家中摆灵设祭，门口贴绿色素联，家中一片素色。年前腊月二十四日之前，亲戚朋友早将悼布送来。到了这一天，丧家将亲戚朋友所送布幛张挂，以示悼念。祭祀开始前，后辈已将逝去亲人的灵位置于祖堂中堂之上。灵牌前，照样要摆"三牲"、三杯饭、三杯酒及三双筷子。灵桌上点燃粗大的绿烛。灵桌前，设踏板为跪拜位，供前来祭祀的人烧香叩头，以表敬意。有知书达理者，行三跪九叩，极尽祭礼，仪式十分隆重。逝者的后辈要在一旁拱手相谢，以示回礼。整个祭祀活动按照先长后幼、先近亲后远亲的顺序完成。

悼亡的仪礼根基很深，过程也十分讲究。祭祀期间，人们不能高声说话，更不能嬉戏打闹，尤其不能吵架相骂。家族成员讲究和睦相处，尊老爱幼。中午祭礼完结后，由丧家办酒席款待。这一天除到丧家拜年之外，就是无丧服的人家，也不可以去别家走亲访友。正月初二来娘家送年礼还未曾回家的后辈，这天也不能自娘家回婆家。

人日

正月初七为上七日，在民间称为"人日"，家家户户要吃上七羹。俗话说：上七大似年。拜年、办喜事，不再受双日之限，直至元宵节。

人对自己的诞生，总有种种的猜测，会不断地发掘祖先所留下的哪怕是一星半点的痕迹，来证明自己的各种推论。最有意思的一种传说是女娲补天。据说，盘古开天辟地创造了日月星辰、山水草木。但是，那时地球上还没有能够活动的生物。女娲觉得地球太寂寥、无生机，于是，这个人面蛇身的女神便用泥巴捏出各种飞禽走兽。正月初一，她用泥巴捏成鸡，初二她用泥巴捏成狗，初三她用泥巴捏成羊，初四她用泥巴捏成猪，初五她用泥巴捏成牛，初六她用泥巴捏成马。但是，这些动物都不会说话。于是，到了正月初七这一天，她便用泥巴捏成一个有别于其他动物的人来，而且她赋予了这个泥人说话的功能。女娲将这些动物捏成后，便让他们下天庭，来到人间，地球上便出现了各种生灵。人很聪慧，记住了这个十分有意义的日子，于是，从远古开始，每年正月初七这天便成了人的节日，也就是人日。到了这一天，人们便用七种菜做羹，以彩纸及金箔为材料，剪成各

做上七羹

种人形，贴在房间的屏风等地方，或贴在人的脑门上、头上，以示庆贺。还有的妇女用绸缎制成饰物，在亲友间相互馈赠，以求吉祥。当然，这种传说，仅仅是人们的臆测。人到底是如何诞生的，还有待通过科学的发展来证明。

正月初七这个日子，重要性和大年初一不差上下，如同过年一样。晚上，族下祠堂放铳，打爆竹，灯火通明。这一天，村里的采茶戏团、三脚班也起锣开唱，热闹非凡。

起灯夜

在西山万寿宫一带，人们对灯的喜爱，达到了无以复加的地步。灯火贯穿了人们生活的每个方面，年节期间，更是如此。人们舞灯、

起灯

看灯、闹灯,希望来年红红火火,久而久之,就形成了十五灯火闹元宵的习俗。灯火迎年的习俗一般分起灯夜、迎灯夜、送灯夜(又叫残灯夜),各有仪礼。

正月十一日,是西山万寿宫一带各村的起灯夜。这天之前,家家户户都上街买灯烛,裱纸灯笼,扎各种草龙。到了这天,置放在村中祖堂内的龙灯、蚌壳灯、鱼灯、跑马灯、采莲船等都开始派上用场,进行各种表演。经过一整天的祭祀仪式,置放在祠堂上的龙便开始下堂。村里教扎龙的老师傅便忙碌着修复各式灯具。到了晚上,便开始试着舞龙。这天晚上,各村一片明亮,灯光映衬着节日的夜色,飘过一阵阵爆竹香,把乡村的年夜装扮得十分出彩。

春社

每年立春后的第五个戊日为春社,所谓"立春五戊为春社"。农家作兴,用樟木雕成狗、鸡或寿星等形状的印把,将黏米粉填冲进印把中,制成各种圆形的饼粑类食品,在锅中蒸熟,起锅后敬社公社婆,送亲戚。多数人家兴吃社酒,又叫吃春酒。有诗说得好:"桑柘影斜春社散,家家扶得醉人归。"傍晚各家过社火。到了晚上,各家皆备几桌酒席,来者都是客,只要有看社火、闹龙灯、看社戏的人,不管熟稔不熟稔,都可以成为客人,都可以痛快地喝两盅、撮一顿。然后，主客一道前往村中的乡场上，赏灯玩龙，直至夜半方归，有的地方甚至闹到天亮方才作罢。春社这一天，乡间农户关心的是下不下雨。俗话说"春社无雨莫作田，秋社无雨莫作园"，社日无雨预示天旱，收成不好。

吃社酒

闹元宵

正月十五闹元宵，这是春节活动的最高潮，乡间有"元宵大似年"之说。晚上除摆酒设宴之外，每家每户还要做元宵。这天晚上，灯烛齐亮，龙灯、花灯、梅竹灯、蚌蛤灯、狮子灯走村串户，非常热闹。

我国自唐代开始有观灯习俗，正月十五日又称灯节，可以说是过年期间一系列欢庆活动的最后一个高潮。这天，一般来说，家人即使出门也会在中午前赶回家。中午，各家都到香火堂敬香。下午，备几小碟"三牲"小菜，带上团子、酒、香、烛、纸、爆竹等去祖坟祭扫，即上灯。掌灯时分，各家按照"三十夜火（红红火火）、元宵夜灯（处处光明）"的习俗，在家中屋里屋外都挂上灯笼、点亮灯，甚至床头、屋角、鸡圈、猪牛栏等各处都点上小蜡烛，处处灯火通明。此时，家庭主妇将汤圆及酒菜摆上桌，全家团圆聚餐。之后，除主妇、不愿出去的老少留家接灯外，其余人都分头去参加闹花灯和观灯活动。各村的龙灯、板凳灯、蚌蛤灯、滚龙灯与锣鼓响铳、神轿队都在路上、乡场上来来往往，声、光、色、形俱全，震天动地。街上、村前、路旁，身着各种彩衣、戴着各种头套的人如潮涌，煞是热闹。各神灯在公共场所表演之后，即依序到各村逐户恭喜喝彩，一祝吉祥，二讨利是（红包）。各家都一一鸣爆接送，并飨利是，或烟或钱，依本分所出，不拘多少，意到礼到，即为受数。至此，当年的提灯活动结束了。

放下灯后，人们又去参加别的活动，如到庙堂、香火堂看走马灯。有欲预测新年前景者，有拜佛抽签者，有参加灯谜射猜者。还有的文化人插上纸条，上写一句古诗，中间空出一个或几个字，让猜者按原句补填上。人们都尽情玩乐嬉耍，直至月到中天，方渐散而息，元宵节过后，各行各业的人着手安排和进行新一年生计生产。读书的开学进私塾读书，有贸易营生的准备外出。元宵节过后，在过年忙时不得空出门的主妇们，也陆续带上礼品串门走亲戚拜年。这主要是趁过年之后、新年生产开始之前，去娘家看一看，住上一两晚，与娘家联络感情，给娘家送来一些礼物，给父母几个体己钱，以尽女儿之情。

花朝

做花朝是在春天来临之际，民间为庆贺春天而设的一个特殊节日。春天来了，万物复苏，春暖花开，人们对绿色的向往、对花儿的期冀，都在这个节日中得到体现。到了这一天，人们围在一起，喝花茶、饮花酒、对花歌、唱花调。尤其是文人雅士，在这一天，赞颂春天的诗文也喷涌而出。大家聚会吟诗，有的还在水上放诗灯，煞是热闹。还有的煮酒对歌，甚至以女子陪侍，伴舞助兴。

花朝节，是春节后的第一个节日，在农历二月十五日（有的地方为农历二月十二日），相传是花的生日。这是个敬花的节日，但无特别活动，只有"拜年拜到花朝（止）"，过年的红灯笼也到此节就收起来了。

花朝这个节日，虽来自民间，但也表现出特有的高雅节日气氛，在众多的民俗节日中独树一帜，受到文人的推崇。西山万寿宫一带的乡间之所以人才辈出，也与这个地区重视文化不无关系。

早年，关于花的生日还有个故事。上天的花仙，在天庭中度过寒冬后，心生缱绻，春心萌动。一日下凡来到人间，见满地荒芜，大煞风景。于是，她舒展彩袖，舞动山水，一时间，山间长绿，水边见草，花茵遍地，绿叶青翠。她掬西山万寿宫擒蛟井一捧水，遍洒花草，顿时，花草飘香，蜂虫倍至，人间好一派美丽春景。

送灯

经过上灯夜、十五夜的闹花灯，到了十六夜，本族的龙灯便不出村，只在族下的祠堂前闹一闹，操练几个回合。各家便互相送封爆竹，放几铳，族下长老焚香，众操灯手跪拜列祖列宗，随后吹熄龙灯身上的灯火，回龙入祠。十六夜又称熄灯夜或残灯夜，有的村也有例外，玩至二十晚上送灯者也为数不少。

送灯也就意味着年俗活动的结束，也意味着灯节活动的结束。大家的玩心也在这天开始收敛。不少人还会在灯节的最后时分计划、谋划浸种育秧及农田上的活计，甚至拿出通书，琢磨来年是干旱之年还是水涝之年，是拿高田种双季还是拿低田种双季。有的人家还商量着几家合伙上湖洲用船或牛车打草，相互照应，一起出行。因为打草沤肥是西山万寿宫一带百姓通行的做法。

有的人家还相互商量趁年后断头荒时节，赶几船米谷前往南

送灯

昌、九江、汉口等地销售。残灯夜似乎又成了村中的议事夜。很多村中的公益事务在开春后必须做到位的，都要在这时商量到位，诸如修桥补路、护山看林、关水养塘鱼，在湖洲给本族的鱼口塘、鱼口湖加高围堘等。在议事会上，村中的长老最有发言权，摊钱派款、收粮用牛，都得由长老说了算。灯夜的氛围成就了村子里的团结、和睦。

二月二龙抬头

农历二月初二，民间传说是龙抬头的日子，是我国农村的一个传统节日，叫龙头节。俗话说："二月二，龙抬头，大家小户使耕牛。"此时，温度回升，大地解冻，正是春耕即将开始之际。

早年，我国民间有"二月二，龙抬头"的谚语，象征着春季来到，春回大地，万物复苏。蛰龙开始活动，预示一年的农事活动即将开始。二月二亦称春龙节、踏青节，古称挑菜节。在中国古代，尤其是秦汉及以前，像一月一、二月二、三月三之类的重日，多被认为是天地交感、天人相通的日子。因而，在这样的日子里人们就要多做祈福、祭祀或纪念活动，以求得幸福、安康和吉祥。

早年，民间流传着这样一个神话故事。武则天夺位当上皇帝，惹恼了玉皇大帝，于是传谕四海龙王，三年内不得向人间布云降雨。龙王接旨后，按令行事。不久，司管天河的龙王听见民间人家的哭声，看见有人饿死的惨景，担心人间生路断绝，便违抗玉帝的旨意，为人间降了一次雨。玉帝得知后，把龙王打下凡间，压在一座大山下受罪，山上立碑："龙王降雨犯天规，当受人间千秋罪；要想重登灵霄阁，除非金豆开花时。"人们为了拯救龙王，到处找开花的金豆。次年农历二月初二，人们正在翻晒玉米种子时，想到这玉米就像金豆，炒一炒开了花不就是金豆开花吗？于是家家户户炒玉米，并在院子里设案焚香，供开了花的"金豆"。

老百姓的爱戴和拯救，给龙王求来了一条生路，就连奄奄一息的凤凰也来给龙王报信，诉说人间万民的菩萨心肠。龙王一听，全身震撼，抬头一看，不由得热泪盈眶。他心知民间百姓是为了救它，便拼足气力大声向玉帝喊道："金豆开花了，快放我出去！"玉帝接报后，也十分惊讶，一看人间家家户户、门内门外金豆花怒放，只好传谕，诏龙王回到天庭，继续给人间兴云布雨。从此，民间每到二月初二这一天，就有炒玉米吃的习俗。

这种"天上人间，互动互惠"的民间故事，是古代劳动人民智慧的结晶，从另一个角度也反映出古代农业受气候制约的现实以及农耕者渴望风调雨顺、五谷丰登的美好愿望。

农历二月初一前后为二十四节气中的惊蛰。青蛙、蛇、蚯蚓等许多动物，一到冬天，便进入冬眠状态，这便是入蛰。到了来年农历二月前后，天气回暖，一些昆虫陆续结束冬眠，开始出来活动，好像被高照的春阳或震耳的春雷从睡梦中惊醒了一般，因此这个节令名曰惊蛰。

传说中的龙是我们祖先在蛇、蚯蚓等的基础上想象出来的，因而民间又将蛇叫作小龙。农历二月初二前后,蛇、蚯蚓等结束冬眠,开始活动。民间认为,龙是天子的象征,是祥瑞之物,更是风雨的主宰,而"二月二"则是龙欲升天开始活动的日子,故曰"二月二,龙抬头"。这天素有"二月二,剃龙头"的说法,民间普遍认为,在这一天剃头,会使人鸿运当头,福星高照,因此,民谚说"二月二剃龙头,一年都有精神头"。每逢二月初二这一天,家家理发店都是顾客盈门,生意兴隆。

俗话说"龙不抬头,天不下雨",龙是祥瑞之物,又是和风化雨的主宰。农历二月初二这天,人们祈望龙抬头兴云作雨、滋润万物。

"二月二,龙抬头"观念的形成,也与自然环境有关。在这一时节,不少地方干旱少雨,地表水资源短缺,农业生产又离不开水,而病虫害的侵袭也是庄稼的一大祸患。人们求雨和消灭虫患的心理便反映到日常信仰当中,二月初二的龙抬头节对人们而言也就显得格外重要:依靠对龙的崇拜驱凶纳吉,寄托人们对美好生活的向往,即龙神赐福人间,人畜平安,五谷丰登。龙抬头这天,属蛇的和属龙的洗衣服好,可洗去一身的晦气。妇女们在这一天不能做针线活,因为龙在这一天要抬头观望天下,使用针会刺伤龙的眼睛。妇女起床前,先念"二月二,龙抬头,龙不抬头我抬头"。起床后还要打着灯笼照房梁,边照边念"二月二,照房梁,蝎子蜈蚣无处藏"。有的地方的妇女还不能洗衣服,怕伤了龙皮等。

二月初二还有一种说法,即这一天为文昌(主宰功名之神)诞辰日。旧时文人雅士在这日敬奉文昌,求科举登第。旧俗还流行在这天为儿童行开笔礼,表明开始正式学习。过去,读书人要行四个礼,即开笔礼、进阶礼、感恩礼和状元礼。其中开笔礼是人生的第一次大礼,开笔就是开始写文章。仪式主要有拜孔子像、讲授人生最基本的道理、赠文房四宝等内容。

西山万寿宫一带地处湖区水边，对"二月二，龙抬头"这一旧俗十分看重。这个日子刚好是介于农闲和农忙之间的日子。这一天，大家祭龙，妇女们做春饼，不做针线活、不洗衣服。有的村还抬龙游村，祈望上天能对田地恩赐，祈望当年风调雨顺、五谷丰登。到了近午时分，各家焚香鸣爆，迎龙入室，以关照全家和顺满门。民间有歌谣《十绣》传唱：

一绣天上星，童子拜观音，观音打坐莲花墩。
二绣龙抬头，三姐打扮上彩楼，绣球单打平贵头。
三绣三月三，走来娘娘去和番，手拿琵琶马上弹。
四绣小麦黄，挨磨李三娘，磨房生下咬脐郎。
五绣伍子胥，武官会上作保证，过昭关闹楚邦一夜白了须。
六绣杨六郎，打坐白虎堂，孟良焦赞站两旁。
七绣七月七，牛郎会织女，天河隔断两夫妻。
八绣包文正，文武百案探得清，日探阳来夜探阴。
九绣祝英台，杭州攻书来，不知贤弟是裙钗。
十绣祖冲之，骑马到江西，天上凤凰抱金鸡。

"二月二，龙抬头"作为一种习俗，已经有千百年的历史，这种民俗，于乡间十分时兴，至今仍在乡间流传。

清明酒

西山万寿宫一带有家家都酿制清明酒的习俗，以备待客之需。每年清明节前，家家户户都用上等糯米倒入醋蒸热，冷却后，将糯米饭入缸，放入酒药，开始制造酒酿。之后将酿好的酒倒入大缸，封口埋入泥土中，待个十年八年再拿出来招待客人。其酒醇香味浓，甜美可口，是上等佳肴。将这样一杯醇香扑鼻的清明酒捧到客人面前，定会让人赞叹不已。

相传，很早以前，有户人家用全部积蓄依山傍水建了一栋房子。谁知，老天不开眼，专给可怜人制造麻烦。新房才建好，第二年开春的一场暴雨，引发山体移动，霎时将房屋压在泥土之下。这户人家，眼看着房子化为泡影，主人无可奈何，只好携家人出外逃荒。

几年后，由于头脑灵活，这家主人做些小生意，赚了些银子，当即回乡，在原址再盖新房。挖基时，什么也没挖到，倒是将房子里的一坛糯米酒挖了出来。主人打开品尝，这一品尝不要紧，味道鲜美甜腻，香醇扑鼻，回味无穷。主人让村人品尝此酒，村人一致叫好。这年，主人将房建好，女儿正好出嫁，主人便将几坛埋在泥土中的酒打开供客人痛饮。这一喝，便让这酒传开了美名。由于是清明时节所酿之酒，所以称为清明酒。而主人嫁女婚宴上喝过此酒的客人，将酒命名为女儿红。至今，清明酒的美名一直在民间广为传播，长久不衰。

祭祖坟

清明节是我国一个古老的传统节日。在儒家学说中，以孝道作为传承的基点，清明节在孝行方面扮演了重要角色。民间有句俗语形象地说明了清明节在人们心目中的地位："家小祭祖满山白，孝子哭坟万家绿。"到了清明时节，前三天、后四天，村道上、山地间，人们熙熙攘攘，川流不息。在西山万寿宫一带，还有一种特殊的祭祀方式，即望江祭祖。族姓男女会聚在西山万寿宫一带沿岸，面东而拜，首先由主祭人按长幼次序排定站序，由族长率众，焚香响锣，击鼓鸣号，族众依号声行三跪九叩大礼，随后将"三牲"装于船上，由几位熟悉水性的男丁壮汉，划船载"三牲"，于湖心抛撒"三牲"为整猪、整箩鱼、九只鸡，三箩筐米饭及三坛酒。抛毕，回船，岸边的人行注目礼。乘船入湖祭拜的人下船后，主祭人一声长长的吆喝：禹耶，乘船鄱湖过，三阳入云贺，先长济苍生，祖宗披绫罗，经年水边事，万念无蹉跎。伏兮！今日喝彩后，万事皆吉祥。

众人依次再叩拜，接着爆竹齐鸣，土铳爆响，整个水边一片喧闹。随着主祭一声"祭礼成就"，整个祭祀活动结束。人们依次返村，各路人马鼓乐齐鸣，至村方歇。

旧时，清明节上坟、祭祀祖宗，要烧香打爆竹，并在墓上散放纸钱和插柳梢子。

清明节为二十四节气之一，也是一个传统节日，在农历三月，正所谓"冬至百日是清明"。这个节气与农业生产关系较大，"清明要明（晴），谷雨要雨"，此时农事进入春耕忙季，"清明前后，种瓜种豆"，"清明湿（即浸）尽种（子），谷雨整高（完）田"，"懵里懵懂，清明浸种"，等等。清明节前后的主要活动是为祖宗祭扫坟茔，又称扫墓（上坟挂纸）。各家要带纸钱、香和烛到祖坟去祭扫并培土（不备酒菜），于此日及其"前三（天）后四（天）"都行。清明前一日是寒食节（禁炊烟的日子），一般不去祭扫。清明时节正是春暖花开、万物复苏之际，人们纷纷组织春游踏青活动，既可观赏美好的自然风光，又可到郊外呼吸清新的空气，有益健康。因此，清明上坟祭祖之风日盛。

女人回娘家

每年农历三月初三，山清水秀，风和日丽，桃红柳绿，春意盎然。这天，西山万寿宫一带，年轻的女子头插鲜花，换上新衣，带上儿女，前往娘家做客。如果家中有刚在年前出嫁的女儿，还必须派自己的儿子去接自家姐妹。如果外孙或外孙女是第一次来，进门之前，外公外婆要燃放响爆迎接，还得给外孙或外孙女包红包，下赏。

吃粽子

每年农历五月初五，是民间的端午节。到了这天，家家户户门前挂菖蒲、艾叶，吃粽子、发糕、包子、腌蛋等。早年，滨湖地区一般都要在节日前后几天划龙船、举行龙舟比赛，观看者人山人海。

新中国成立后，在端午节前后，乡、村和文化部门也会有组织地开展划龙船竞赛，以活跃群众的文化生活，增加节日气氛。

端午节是我国传统节日之一，历史久远，文化内涵丰富。端午（阳）节是为了纪念春秋时期的楚国大夫、爱国诗人屈原。"端"是"初"的意思，古人又常将五写成"午"，便演变成"端午"；而午又为阳，于是又有一说为"端阳"。五月初一，各家就在大门两边插艾，端午节前的初二日或初四日，后辈中的外甥或女婿之类都要给外婆舅父家、岳父岳母及其他长辈亲戚家送礼，礼篮中常备的礼物主要有鸡、肉（猪蹄）、烟、酒、衣、扇、粽子、包子、衣料等。长辈一定会好酒好菜款待晚辈。到了初三、初四，各家做香袋，包糯米（有的加红豆，有的加肉与盐）粽子，买雄黄泡米酒，买红颜料滚蛋。初四晚上，各家都会包好并煮好粽子，煮熟早就开始腌制好的咸蛋、五香茶叶鸡蛋，蒸好米糕或买好包子，以及买好肉、杀好鸡。西山万寿宫一带不少乡村还有特殊乡俗。端午节这天凌晨子时，各家牧童都要牵牛去山上吃"仙草",待到日出时分才牵牛归家。据说吃了"仙草",牛与本家都能讨个好彩头,祈盼当年田地丰稔,五谷丰登,六畜兴旺,家财广进。早上,各家都会宰杀一只自养的鹅或鸡。西山万寿宫一带的滨湖村子,早上各家还端"三牲"等贡品及蜡烛、鞭炮到宗祠香火堂敬天地,祭祀完毕之后各自端贡品回家。多数人家吃四盘二碗,或光煮面条及粽子、蛋、包子等。条件好一点的家庭,多数都会给儿女做件新衣裳,所以孩子们每到过新年或过端午节都会有新衣穿。穿上新衣服,全家都高兴万分,孩子们更是欢呼雀跃。上午,如果天气好,几个村子的年轻人和长者早早商量,各村出一条龙船,连在一起在附近的大水塘或内河里划龙船,有时由当地的业余演出队用门板搭戏台唱采茶戏。端午时,各家将门口插的艾枝收起后又挂上菖蒲,随后给孩子们头上身上洒雄黄酒、喝雄黄酒,在床下、屋角旮旯儿也洒上雄黄酒,以杀虫、驱瘟疫除病。同时在由红绿丝线织成的蛋袋中装进红蛋给孩子挂香袋。正午,各家放爆竹,吃酒席。桌上的菜里要有碗煮苋菜,据说是"端午吃了苋菜不生痱子"。之后把门口的菖蒲收起来藏好,日后用艾叶、菖蒲治病。有的地方端午节还在敬天地的贡品

包粽子

中插上三枝谷穗，以期当年田地丰收，新谷快收获。

喝午时茶

端午节这一天，挨家挨户都要将自家当年新采的庐山云雾茶、西山香茶、云山茶等拿出来，泡上一壶香浓的新茶，午时响过爆竹后，开始品茗。

文人雅士也会云集于野，品茶吟诗，作文赋诗。不少人把茶当成端午节待客的高档饮品，将当年采下的新茶进行精加工，做出功夫茶，供客人品尝。还有不少地方将制好的午时茶长期保存，作为孩子化解积食的良药，很有效果。

划龙船

在江西，端午节为祭祀我国伟大诗人屈原，都会举行各种纪念活动。在西山万寿宫一带，由于水条件便利，划龙船成了最有看点的活动。到了这一天，各村选拔的年轻桨手，穿清一色士卒服，擂鼓开船，一条条装饰一新的龙船，如箭驰在弦，几条、十几条一字齐发，场面十分壮观。最后的优胜者还会受到乡中贤达的奖励。早年的龙船，船头还挂着一个大型木雕吞口。这种吞口，狰狞、阳刚，龙船有此护佑，能够出入平安，驱邪祛祸，得胜而归。

划完龙船，各村都会合族举行酒会，尤其是当年划龙船胜出的村子，酒会办得更加隆重。每家每户都将自己扎好的粽子和煮熟的鸡蛋端到酒会上，供大家品尝。被吃光了粽子和鸡蛋的人家，当年会家财大发，本家会高兴万分，主妇也会为自己受人欢迎的手艺而自豪。酒会过后，供在村中家庙的粽子和鸡蛋会端出来，由长老送上龙船，桨手们齐刷刷上船，来到江心，将粽子和鸡蛋撒进江中，以慰龙王爷，也有说是为告慰楚大夫屈原。

鬼节

过"七月半"（也称鬼节）是西山万寿宫一带的传统习俗之一，即农历七月十三、十四，有的村是十四、十五。鬼节的主要活动是宰杀家禽，买肉，酿糯米甜酒，做糯米团子，做酒菜饭，祭祀祖宗。一般认为，鬼节这是为祖宗过年。在印了封面的"包袱"上面写明"孝男或玄孙具钱锭奉祖父或父亲等冥中受用，××日火化"字样，内装用草纸切成的纸块，用铁钉打上九个小眼做成元宝状，装满"包袱"并封口，配以檀香、爆竹及水泡饭一碗备用。傍晚，先在家里桌上摆上酒、菜、糯米团等，并打爆竹以示敬请，让祖宗们尽情尽兴受用。约半个时辰，祖宗们"享用"完毕，便将每位祖宗吃过的酒和吃过的饭倒在一个钵子中备用。之后把事先装好的"包袱"及水饭带上，同时带上一些神香与纸钱端到村前朝祖坟所在方向的路边摆好，用棍子在"包袱"四周画上圆圈，连香一起点燃，同时浇泼水饭，放爆竹，待"包袱"烧完结束。这个习俗是为了给过世的人送钱财，以免自家祖宗受饥挨饿。乡村以七月十四日为祭祀之盛日，也有的在十三日。十五日晚为应付野鬼，各家会在村前空处用旧砖头搭砌一个"塔"，傍晚大家拿些纸钱在内烧了，也给野鬼们送些"钱"用，免得他们来害人。孩子们还用纸钱包神香与土硝，系上长绳点着，成队边走边抛"流星"，弄成一个一个火圈，驱野鬼玩乐。

吃月饼

农历八月十五中秋节，也是西山万寿宫一带的传统节日。到了这一天，家家户户吃芋头蒸肉和牛肉炒粉，有的人家还做爆米糖、米糕。晚上全家团聚，边吃月饼、花生、柚子等，边赏月。

中秋之夜，小孩有烧窑（也叫烧塔）的习惯，用破瓦断砖叠垒成一座形似宝塔的"炉窑"，大的有一人多高。当明月冉冉升起时，用柴草在塔内点起火，塔顶放置月饼和柚子祭拜月亮，灯火通明，艳丽壮观。

中秋节是全年三大节之一。据说秦盛之际，天子在秋分这天祭月，后沿袭而成中秋节。这一晚的月亮为全年最圆最明的，所谓是"人逢喜事精神爽，月到中秋分外明"。很多戏剧故事都与中秋夜有关，像嫦娥奔月、吴刚砍樵等。中秋节吃月饼、米酒、芝麻辗糖、糯米团，当然也以鹅、鸡、鱼肉为菜。晚餐时全家团聚共进家宴，晚辈要向长辈（如父母、岳父母、外婆舅）等送礼（有鸡、鹅、肉、月饼、烟、酒、蹄花、衣物、糕点等）。晚饭后，全家人在门口场地设桌，摆出月饼，熟米粉做成的月兔、嫦娥、月婆、天官等形状的粉糕，及用长藕装饰的龙、柚子、西瓜等。有的将西瓜瓤掏空，在壳上刻嫦娥奔月等图案或"丹桂飘香"等字样，做成西瓜灯。如这晚云遮月或下雨，全家便在室内欢聚一堂，共进晚餐，共叙天伦之乐。

国庆节

这是为庆祝中华人民共和国成立而设的节日。每年十月一日，学校、机关和其他团体升国旗、唱国歌、看爱国主义影片、写爱国主义文章。不少年轻人都挑这一天举行婚礼。无论是乡村还是城市，街道上川流不息，车水马龙，红旗招展，唢呐齐奏，婚礼的喜庆热闹为国庆日添加了特殊的喜庆气氛。

自从小长假制度出台后，人们出行的愿望日渐强烈，都想着走出水乡看世界。国庆期间，秋高气爽，十分适宜出行，在国庆节期间旅游也成了一种时尚。

重阳节

每年农历九月初九,是重阳节,又谓登高节。到了这一天,乡村的老人都会登高,寻找一种思古幽情。有文采的饱学之士都会在山上抒写情怀,相互吟诗答对。

这一天,不少老人相约同行,带上干粮、酒水,在山上聚会。老人少了儿孙的干扰,自娱自乐,陶醉其中,开辟出特殊的新天地。重阳节成了老人们寻找自然之趣、行走乡村的最好节日。

冬至

冬至是祭祀日,这一天,西山万寿宫一带各村挨家挨户都会备上香烛纸钱,前往祖茔,进行扫墓祭祀。儿孙子侄一家大小扛锹上山,先在祖茔前叩头上香,随后在坟上张挂纸钱,有的还会在墓前念念有词,祈求先祖开恩,保佑儿孙辈多生贵子,传宗接代,延续香火。祭扫中,如发现祖坟有塌陷,或受雨水冲刷而变得低矮,便一家大小齐动手,挖的挖,挑的挑,从山下挑来泥土给祖墓培上。重礼仪之家,还会带上"三牲"、水酒,祭在坟前,让祖宗饱个口福,讨个口禄。祭祀完毕,便点响爆竹,一家大小离茔回村。

元旦

元旦为一年的岁末,又是新的一年的开始,人们追求美好生活的愿望更为迫切。结束了旧的一年纷繁复杂的生活,为新的一年的生活寻找新意。这一天,也成为青年男女婚嫁的吉日首选。更多的人家选择进城购物。

2　婚嫁习俗

婚嫁习俗在西山万寿宫一带大同小异，一般都以花轿迎娶为主。也有的湖区划船迎娶，上轿彩词或上船彩词仅有个别词句不同。

旧社会，有些穷户在迎娶新娘时，徒步行走或以独轮车迎娶，做法不一。

哇媒

西山万寿宫一带旧时婚嫁，多听媒妁之言，男女双方在从未谋面的情况下，依媒人的介绍定终身。媒人与双方的家长谈定说妥，就成就了儿女的终身大事。媒人的嘴非常能说。俗话说：什么事情，只要到了媒人嘴里，生的能说成熟的，死的能说成活的。青年男女经媒人撮合，由父母做主，合一下年庚八字。双方在不张扬的情况下见见面，甚至不见面，如果有一方对对方不满意，或者说反悔了，也无济于事。父母之命不可违，媒妁之言定终身，如出现反悔之事，便犯了有违伦理的族规，会受到族下长老的训诫。媒人在得到男女双方父母的应诺后，这桩婚事便迈过了第一道门槛。随后，男方要备上礼物登门求亲，俗话叫定事。

驳帖

男女双方定事后,便由男方挑日子,即男方请先生择定结婚的日子(即帖子),同时带上礼金、首饰、衣料等,由媒人送到女方家请女方回帖,女方如同意并回帖后,结婚的日子就定下来了,俗话叫驳帖。有的人家,男方族下有先生,懂些诗文,还会在出帖子时,附上一个对联的上联,带给女方。对联有时嵌上青年男女的名字,有时嵌上家族所处位置的地名,有时嵌进古诗词,花样百出。女方在受帖之前,必须先有准备,请好先生,有所应对。要不就会陷入窘境,十分难堪。有的就因为对联不好对,或者双方用对联贬损对方,导致好事不成。

旧时,女方十分看重驳帖。从驳帖中男方所送的礼金和礼物,就可以看出男方的家底。有的男方明明家庭富实,出礼却甚是小气,女方就会认定男方当家人斤斤计较,甚至会将媒人逐出房门。媒人到此时,便慌了手脚,急急忙忙赶回男方家中,告知女方的不如意。如男方知趣,便会很快补上钱物,并要媒人在女方面前多多美言,深表歉意,以平复女方家的不满,避免走到拆婚的田地。

上花烛

婚前一天,叫作花烛夜,男方要备上"三牲"、香烛纸钱,带上吹打手、锣手,披上红绶带,头戴礼帽,帽子两侧各插一朵金花,穿上礼服,前往祖坟山祭祖上坟。而女方此时哭嫁辞堂。这一天,男方的族兄每户都要给新郎送上一桌花烛酒,供客人食用。这天晚上女方是不会进食的,以表示恋家和依依不舍。

祭祖

到了结婚的前一天,男方将早就备好的面、肉及其他随嫁物品共三担,吹吹打打送往女方家。当天下午,男方新郎披红挂彩前往墓地祭祖。

花烛酒

花烛酒是男方在婚礼的头天必须举办的重头戏。这一天,亲朋好友相聚,上门庆贺,由主人家族办宴席,大宴宾朋。花烛酒办得富实不富实,关系到男方的脸面,这也是男方展示家族实力的最好机会。有些富裕的家族,一摆就是几十桌的流水席,菜肴丰盛,烟酒高档,让村里人大开眼界。

婚礼前一日晚上,男方家中举办花烛酒,亲戚朋友乡党族人,济济一堂。男方的兄弟包括堂兄弟,每家都要备上一桌花烛酒,端至新郎堂下,让亲戚朋友品评比较。得到夸赞的主妇高兴得合不拢嘴,得不到夸奖的也不泄气。整个酒宴上,新郎的舅父必须坐上首,并举杯致辞:今夜令郎花烛,敬请各位亲朋尽兴。行令毕,亲戚朋友开怀畅饮。酒过三巡,大家兴致正高之际,有那贪杯好酒者,便开始猜拳划酒令,直到宴终席散方罢。有时遇上搞恶作剧的舅父,或者外甥在婚前或结婚仪式中得罪或怠慢了舅父大人,舅父没待酒酣,突然起身,举起手中酒杯,行宴毕令:今夜令郎花烛,请诸位亲朋多喝一杯喜酒。说完随即离席。按照旧时规矩,舅父离席,众人不管吃得如何、吃完没吃完,都得离席。舅父若唱出宴毕令,无疑是发出信号:让大家离席。这样的情形大家自然闹得不欢而散。当然,这仅是个例,很少出现。花烛酒一般都会尽力办得体面和风光。

坐床（喝彩）

坐床是男方家在婚礼过程中重要的一环。

花烛酒办过之后，新郎家便开始举行坐床仪式。这个仪式的民俗意义就是寓意七子团圆、多子多孙，期望通过这个仪式能给新郎婚后带来好运，早生贵子、多生贵子。花烛酒宴散后，新郎家请来的喝彩师登场，敲锣的也在一旁侍候。新郎家早早准备了枣子、花生、莲子、桂皮等，请来七个小儿（五男二女，意谓"五子登科""七子团圆"）坐床。喝彩师待孩子上床后便开始唱彩词，敲锣的应根据节奏击锣应点。彩词唱过后，便开始向孩子们抛枣子、莲子及糖果之类。孩子们接了果子之类，由本家大人抱下床，欢天喜地而归。新郎家的坐床活动也就在一阵响彻天空的锣声和爆竹声后结束。

过千人眼

过千人眼的民俗很有意思，它见证了西山万寿宫一带乡民的保守意识和对理想生活的向往。从一般意义讲，过千人眼是指新娘长得漂亮，异常标致，人见人爱。若在婚前让几千双眼睛看过、欣赏过，婚后到了婆家，就不会出事。漂亮的女人人见人爱，在婚前过了千人眼，婚后就不会招惹是非，招蜂引蝶。这样就让婆家看到一位贤良贞淑的儿媳，也让婆家对新娘减少戒心，避免引起婆媳间、夫妻间的纠纷。过千人眼的象征意义大于实际意义，它用示范的方法提示新娘去婆家要守妇道，不得去人多处，不得在大众场合抛头露脸，更不得与人抛媚眼。要精心服侍公婆，尽心尽孝。与丈夫要相敬如宾，白头偕老。要经得起诱惑，不为小利所动，坚贞不二，举止大方。

在新郎家举办花烛酒宴的同时，女方在这天晚上也同时举行晚宴，意即辞堂酒。酒宴结束，女人们便在斛桶内点上炭火之类，并用一个米筛将斛桶盖上，拿出新娘出嫁将穿的各种新衣服在筛子上过一下，这就叫过千人眼。有的地方也在下午举行这个仪式，做法不一。

开面

开面是女孩从出生到出嫁，经历的唯一的一次整容。民间对开面有几种说法：一是为了女孩出嫁后，让夫家感到焕然一新；二是让女孩出嫁前，保持姣好的脸容，以便婚后取悦丈夫；三是掩饰作用，如果女孩脸上有瑕疵，经过开面后，女孩会显得秀气、漂亮。

新婚嫁娘出嫁的前一两天，必须做的一件事便是开面。开面是一件细活，乡间都有非常熟练的开面师。开面也叫开脸，就是由两个开面师或者已婚妇女，帮助即将出嫁的女孩对脸上的茸毛、对睫毛进行修整，尤其是对断头眉、冲火眉稍作变更，修改眉路。对个别女孩长有微细毛的要完全拔除。具体做法是：新娘对着镜框，由两位开脸师帮助，用棉线夹去脸上的汗毛等，随后便用香粉涂抹，经过如此修整之后，女孩顿时焕然一新，像换了个样子。

迎亲

西山万寿宫一带的迎亲仪式，是男女双方在经过媒人说合、订婚驳帖后，最为隆重的一环之一。男女双方经过婚前的商议讨论，由谈婚论嫁进入实质操作环节。从这一天起，女方就踏进男方的家门，成为男方家的主妇，也就是家庭正式成员，为男方传宗接代，做好继承和侍弄香火的准备。

迎亲是结婚仪式的开始。女方的家门口早早贴上对联，对联上的模额也折成方形，只是书写的"喜"字为单喜字。两边的古体对联为：

宜尔室家，谷我仕女。男方家门口贴的是双"喜"字。

迎亲仪式在古时十分讲究。男方迎娶时，需要戴礼帽、插翎花、披红挂彩，由双烛引导，旗幡鼓乐相伴。而媒人不管当日天晴下雨都需要夹一把雨伞，随侍男婿前往。如今，这种旧俗开始从简。

举行婚礼的这天，一大早，男方便要请吹打手、轿夫和旗手，还有抬杠箱的力夫，伙同媒人、牵娘带上"三担"，即百肉、百面、百鱼，后来演变为"六担"，在前"三担"的基础上增加百蛋、百米、百鸡等，一起去女方家。到了女方家，女方拿出早就煮好的氽水蛋面给男方吃，面中有氽水蛋三个，但男方迎亲人等每人只能吃两个，多吃了，碗里没有留下一个蛋，会让女方家人取笑，被骂为呆头。在吃面的同时，嫁娘和她的母亲便开始哭嫁。男方的杠箱力夫在女方亲属的指点和帮助下，开始将女方的陪嫁妆奁搬出门，捆扎成杠。随后，吹打手和打锣的便开始吹奏迎亲曲，锣点子也越敲越急，意在催促闺房中的新娘子母女停止哭嫁，尽快上路。而新娘子母女听到锣声，越发哭得肝肠寸断，依依难舍。这时，旁边亲戚朋友中的女眷都来劝解。母女抱头痛哭完，新娘子由其兄长或族兄长抱出门，因为女子出门后，双脚不可再沾娘家的地面，意谓女儿出嫁不能将娘家的财气带走，脚不沾灰也就是不沾财气。兄长将妹妹抱上轿，新娘即脱掉娘家的鞋子换嫁鞋。这时，一阵爆竹响后，吹打声、锣声又起，轿夫们便抬着新娘子上路。有那喜欢恶作剧的轿夫，在半路上，便开始转轿、颠轿、倒轿，弄得新娘子在轿中头晕目眩，不识东西，不辨南北。

喜轿

早年的结婚礼仪中，迎娶兴用喜轿。每个村都会置办一顶喜轿，供族人婚礼使用。这轿子雕龙画凤，嵌花锦彩，十分漂亮。每个村子在置轿时，都会请来上等的雕匠和木匠，精心制造。各村还会相互比样，一个村比一个村做得豪华、精致。因为花轿出村迎亲，千人看、万人窥，说好说歹的都有，人总图个被众人夸，尤其是如果这个轿子能够雄冠乡里，那便是一个村的荣耀。

村里年轻人结婚，先得把一直存放在祖堂的喜轿请出，点香燃烛，油漆抹新，掸灰去尘。这样可以驱降轿中孽气，为新人增添喜庆的气氛，也让有些时日未用的轿子多几分活力。

到了迎娶的当日，轿子停放在祖堂外的场地上。新郎官开始朝拜祖先，上香叩首，祭奠"三牲"。之后，由族中多生男孩子的主妇，举火把去轿子中照轿，同时高声喝念照轿彩词。随后，由媒人举着火把引新郎官绕轿三周。这之后，主婚人高喊"起轿"，迎亲队伍便开始前往女方家接新娘子。

早年，新娘出嫁时，从娘家出发一直到婆家，都必须脚不沾地。嫁娘由兄或弟从待嫁闺房抱出，送上轿子。两位或四位轿夫抬杠，两位伴娘扶帷，轿子不可以中途停歇。如果路远，可由几对轿夫互换而行，到了婆家，方可落地拜堂。

拜堂

拜堂是结婚仪式最重要的一环，也是最隆重热闹的一环。迎亲的队伍还未进村，全村男女老幼便早早在村口等着。人们嬉笑打闹，指指点点，都在猜测新娘的模样。新郎家早已准备好火把出村迎接，引领迎亲的队伍前往村中祖堂，这里早已是人山人海。一挂爆竹响过，花轿在祖堂前停稳，主婚人让族人接下媒人手中的雨伞，将媒人请回家中喝茶、吃点心。随着主婚人一声喊"起轿帷"，两位伴娘当即将轿帷朝两旁撩开，蒙着头的新娘便在两位伴娘的搀引下出轿。经过过火盆、过千人眼,然后由新郎揭开新娘的头袱,两人双双牵手进入祖堂。主婚人高喊:一拜天地、二拜祖先、三拜高堂。拜完高堂后,便开始拜客。拜客既热闹也很有趣。拜客之前,受拜的各位上亲,也就是新郎的长辈,都需要备好拜金,以便受拜时用。按照主婚人的安排,以辈分排座次,先拜祖一辈,如外祖父、外祖母、外姑婆、外姑公等,一直往下顺延。每个人坐到祖堂正堂太师椅上,接受新郎、新娘的跪拜。有些好事者便会大呼小喊,一是要受拜的老者多出银两(拜金),二是要新郎、新娘多拜几拜。按照规矩,每当新郎、新娘跪拜一次,受拜的长辈就必须兑现拜金,多少不限。新郎与新娘拜完客,一阵锣响,随后唢呐齐鸣,新娘由伴娘搀扶着从祖堂后门出去,前往新郎家中,双双进入洞房。

下厨

有句俗话说:新媳妇进门,先熟锅碗瓢盆。中午的婚宴过后,便开始举行下厨仪式。这下厨仪式的含义,无外乎是看新娘会不会过日子,爱不爱偷懒。进了新家,就得按夫家的规矩,做一个上得厅堂、下得厨房的家庭主妇。按照这样的出发点,西山万寿宫一带的乡俗中,大多都在婚礼中安排了下厨这样一个环节。一阵唢呐响过,新娘便由伴娘相随,褪去了凤冠霞帔,穿身红色外衣,素面清颜,由婆婆引进厨房,然后象征性地揭开锅盖,从水缸中舀一勺水,倒入锅中,用竹刷随意刷几下锅。之后,倒掉水,再舀入一勺水,将锅盖盖好。新娘下到灶口,放上一根柴火,用打火石点着火,放入灶间,待柴火烧完,即拜谢灶公灶婆,拜谢婆婆,婆婆象征性地说上几句中听的话,如"登堂入室,从今往后,你就是当家婆,屋里屋外,唯你照应",新媳妇也唯唯诺诺,口中答应着:"谨听婆婆吩咐。"礼毕,新娘便由伴娘陪伴再入洞房。

闹新房（唱怀胎）

闹新房在婚俗中，是最后一个热闹场面。它突出的是一个"闹"字，这也是洞房花烛夜新郎、新娘最后一次公开露面。在闹新房的过程中，没有讲究，老少无欺，不分长幼，也可以唯老不尊。嬉戏打闹，不讲章法，也不讲分寸，有些细节甚至多有出格之处。在闹新房的当天下午，村里的年轻人就聚在一起，早早商量好当夜闹房的细节。在闹的过程中，既有唱红脸的，也有唱黑脸的。即使闹的程度过分，有失分寸，新郎及新娘家人都不得制止，更不得发怒，一切以闹新房的男女尽兴为要。

闹新房是结婚仪式中新郎家中最热闹的时刻。结婚喜宴结束后，村里男女老幼欢天喜地陆续前来新郎家闹新房。在这一过程中，众人会推举一位能镇得住场面，又比较放得开、诙谐幽默的人扮成包公，作为当晚婚礼活动的主持人。有好事者会在包公脸上涂抹锅灰，意即秉公执法。新郎、新娘进场，先由包公命令司仪让新郎、新娘吃交杯酒。有那起哄的，便示意或诱导新郎、新娘对杯喝，一旦动作做得不到位，新郎、新娘便要受到责罚，要做更加亲昵的动作。新人便在众人的嬉笑怒骂声中做到位。稍有迟疑，还会挨竹梢子。有那调皮的，趁隙溜进新房中，将枕头之类的偷拿出门，置放于村中的某个旮旯儿，如牛栏之类的地方，让新郎四处找寻。众人欢闹，到三更过后，主人见客人欢乐的兴头开始下降，显出困倦，便适时端出糯米团子，给孩子们端上冻米糖，众人吃罢告辞。一挂爆竹响过，方才散场。

回娘家

结婚后的第三天一早,新娘早早起床,洒扫庭除。新郎、新娘吃完早面,新郎的父母早就备好礼篮,里面是鸡、肉、蹄花、点心之类。新娘先行一步出门,一挂爆竹在新娘背后响起,新郎挑上礼篮,新婚的小夫妻便双双去女方家。回娘家也叫回门。

新娘家也早早备好酒席,为女儿、女婿接风洗尘。母亲将女儿接进房,女婿由岳父大人陪着,只在客厅说话。母女俩在房中,说说体己话、知心话,母亲急切追问女儿在婆家可否习惯,公婆待她如何,新郎是否体贴人,等等,直问得女儿脸红耳赤方才罢休。

全家共进午餐,这桌酒席也一定很丰盛。宴毕,到了离家时分,女儿眷恋自家不舍,久久不肯上路,母亲也流着长泪一个劲儿留客。这时女方父亲必会高声大气断喝:"嫁猪随猪,嫁狗随狗,哪有恋家的道理,赶快上路。"说罢,点响爆竹,将一对小夫妻送出门。

谢媒

在西山万寿宫一带,那些撮合青年婚事的媒人有个外号:惹事干。"惹事干"指的是将与自己无关的事情揽到身上。尤其是乡村中的媒婆,一辈子就以说媒为生。虽说是"惹事",但惹的是好事,是成全有情人终成眷属的好事。做媒是件很光彩的事。

一桩婚事,以两个媒人为宜,一个是男方的媒人,一个是女方的媒人,两人就凭三寸不烂之舌,硬是将圆的说成扁的,将矮的说成高的。乡间有句俗语:娶亲扯蓬,嫁女哭穷。男女双方能不能成就姻缘,全凭媒人左右周旋。对新郎家来说,媒人劳苦功高,一旦婚事确定,这谢媒宴自是理所当然的事了。

结婚后的第二天一早，新郎家开始做谢媒的各种准备，中午举行谢媒酒宴。谢媒宴由男方父母作陪，新婚夫妇敬酒。两位媒人回敬一杯，并说上一些祝福的话语，诸如相敬如宾、白头偕老之类的。这也是俗话说的"新娘接进房，媒人抛过墙"。

酒过三巡，媒人吃饱喝足，话也说得差不多了，男方父母的感谢之言也表达够了，媒人便多了几分得意。男方父母此时掏出用红纸包的谢媒钱，往两位媒人的口袋中塞。媒人虽然也有推托，最后还是会半推半就收下钱，打个饱嗝，离开席面，乐悠悠而去。

3　生辰习俗

生男育女是婚后的一件大事,民间十分注重传宗接代。在儿子婚事完成后,男方家主几乎日思夜想、日盼夜盼,希望儿媳的肚子能早日大起来,完成香火的延续,也完成老一辈的心愿。早年,人们按照多子多福的观念,只盼着能够在家谱中续上自己的一支香火,把根留住,把后代留住。生儿育女成了乡村百姓日常生活中的重要话题,也成了乡俗的一个重点。生老死葬这是人间伦常,有钱厚葬,无钱薄葬。对逝者的尊重,是中华民族的传统美德。丧葬习俗是至今还保存的较为完整的仪式。

生辰

女人一怀孕,家人乃至邻居的婆婆及大嫂们就开始注意孕妇的行动与喜好变化,议论生男生女并吩咐多加照顾。临产时,家人就请来附近的接崽牙婆来接生。接崽牙婆及一两位有经验的大嫂在卧(产)房伺候产妇,关起门,拿好用品等,丈夫坐在床沿让产妇坐在自己膝上让她分娩。产房中点上灯,接崽牙婆叫着"着力、着力"。另有几个妇女在灶屋里烧水、煮蛋和煮面,其他亲属在房外焦急地等着生男生女的消息。孩子在牙婆的帮助下生出来了，家人便记下孩子出生的年、月、日与时辰，生肖属相与八字，先由婆婆或父母唤个奶名如毛毛、毛伢之类。如生男孩，合家皆大欢喜，放爆竹，随后给村里各家散面两碗并送红蛋两个。如遇有六十岁以上老人，不分男女，加送两碗。

做三朝（洗三下箩）

孩子生下后第三天，要放进摇箩里睡觉。摇箩有两种：一种为篾制，一种为木制桶形，以篾制的配以摇架的最受欢迎，使用比较普遍。下箩之前主妇要为婴儿洗头抹澡，穿上衣裤。如果公婆父母们高兴也办酒席，放爆竹，撒喜糖。外婆家等至亲好友也送孩子和产妇吃的东西。

送下饭

送下饭是礼俗活动的一种。它是在亲戚礼尚往来基础上的赠予仪式，体现了亲情，也体现了乡俗的多面性。

女儿出嫁，一旦怀孕后，娘家便开始置办礼物，诸如小孩的衣服、摇箩用品等，慢慢积攒齐备。当外孙或外孙女生下来后，外婆便开始张罗礼篮，尽量把礼篮装得丰盛些。到了孩子半个月左右，外婆家送下饭的队伍便出发了。除了挑摇箩的是男性之外，其余的几乎都是女客。女婿家早早准备了爆竹在大门外守候，没待送下饭的队伍进门，爆竹便响翻天。亲戚间相互寒暄后，男方便会端出一碗碗氽水蛋，也就是鸡蛋面，每碗三个鸡蛋。吃完氽水蛋后，又上一道茶。女方来的亲戚便会让女儿将小孩抱出来，让大家细细品评一回。人们说些好听的话，并拿出早已备好的红包塞进小孩的褪袱中。在一番礼让之后，大家共进午宴。宴毕，男方在每个礼篮中堆满鸭蛋，鸭蛋上贴上小红纸块。双方亲戚其乐融融，热切话别，送到村口放完爆竹，方才回家。

满月

孩子生下来后，一个月内，是产妇坐月子的日子。很多人家会在房门上挂个红布条或裈子，也有的虚掩房门，意在告诉男人及孕妇均不得进产妇房，以免"踏住乳"。意思是如果有人随意进门，而产妇恰恰此后乳水没有了，就是这人踏住了乳水，这不速之客就要送猪蹄花或鲫鱼等东西来给产妇吃了"灌奶"。月子里，村邻、亲朋都给产妇送"岳饭"（有的地方叫"下饭"），有肉、鸡蛋、面条、黄花、红糖等补品。外婆家送的东西有鸡、婴儿衣服等。有的主人收礼办酒席，有的挨家散红蛋。待以后这些人家生孩子时也要还礼，叫回礼或回报。满月这一天，主人家要放爆竹，给孩子理发，给孩子穿戴整齐，让公婆、外公婆等亲友们抱着看看。这天过去后，产妇就算满了月，可以出房做一些力所能及的家务劳动（有的穷人家为生计所迫，产妇一生下孩子就要做家务）。这时可以请有声望的至亲长辈给孩子取个小名。如男孩子叫"生""根"，女孩子叫"香""秀"之类。

做周岁

说起抓周，似乎多了些唯心的东西，其实这个乡俗仪式代表了长辈对儿女的一种期冀和希望。用抓周来试探儿女未来的成长之路，这不免有些迷信，但不排除真的应验的。因此，在乡间，这种仪式代代相传，经久不息。

在西山万寿宫一带，小孩生下满一周岁过生日称"满周岁"，要举行仪式做周岁,如果是男孩还会让其尝试抓周。在这之前,外婆家必须备办礼篮并送来孩子从头到脚穿戴的衣服、鞋帽、银项圈、手脚镯、"长命富贵"银锁、聚(站)桶、小孩坐的枷篱及木推车玩具等,其他亲友也会送孩子穿戴物,以红色衣料为底,其他色布剪成三角形小布块拼凑成小孩背褡。主人办家宴宴请送礼者。酒宴开始前,在门外放爆竹,把孩子穿戴一新抱出来与满堂亲朋见面。主人家在堂屋的一个桌上摆上书籍、毛笔、算盘、赶牛鞭等多种器具,让孩子随意在这些东西中去抓摸一两件,以预测其志向。如摸出笔就说这孩子将来一定读书戴顶子(意即做官);摸到算盘说他将成为商人,经商发财;摸到牛鞭说他会种田;摸到剪尺说他将来一定是个好裁缝,会做衣裳;摸到彩线说他将来心灵手巧等。当然,也有不办这种仪式的。于是,乡间常把喜欢动手动脚捉弄人或摸弄人家东西的年轻人讥讽为"你小时候没有摸过周呀"。

做生日

民间通常为满一周岁直至六十岁的人做生日,而有的地方以农历为准,为二十岁以下的人做生日。孩子做生日时,家人、外公婆、母舅及至爱亲朋等,送上一些小礼物,主人家煮上鸡蛋面条、备上糕果等食物,共同为孩子庆贺一番。旧时主要是做十岁生日,女孩做十六岁(二八年庚,及笄)生日,男孩做二十岁(弱冠)生日,表示成年了。富实人家一般对生日比较看重,穷苦老百姓只有极个别会过生日。在农家,即使偶尔父母记起给孩子过生日,也是母亲煮两个囫囵的连壳鸡蛋,让孩子站在门旮旯儿吃,另外还要给过生日的孩子煮一碗面吃。经济上富实一点的人家杀个鸡或蒸个肉饼给孩子吃,叫作狗长尾巴。二十岁以上的青壮年人极少有过生日的。也有个别人为收礼金做

三十、四十、五十岁的生日,不过难免被人在背后讥为"打棺材会"。

做寿

做寿其实也是做生日,只是做寿是为老年人所举行的仪礼,所代表的含义是尊敬长辈,祝福老者长命百岁。从某种意义上讲,也算是一种孝行,体现了中华民族几千年的历史传统,对长辈尊重,也是对自身尊重。因为人人都会老,明天你也会老,你今天敬老,对长辈敬重,会换来后辈对自己的尊重。做寿虽然是一种形式,但是,对老者而言,却是一份特殊的安慰,一种特殊的伦常享受。

人满六十岁,年居花甲,称为花甲老人。六十岁的老人在乡间被青壮妇幼尊敬为老公公、老婆婆、老人家等,受到人们的优待、照顾、尊重和爱戴。为老人过生日的仪式便叫做寿。"男做九,女做十",即男性老人满五十九岁可做六十大寿,满六十九可做七十大寿,满七十九可做八十大寿;女性老人满六十岁做六十寿庆,满七十做七十大寿。一般为单人做,如夫妇同龄可合并做双庆。在乡间,除年龄到了"花甲"以上会做寿,如果同时做了"三公""三婆",即已做家公(有孙儿)、外公(有外孙儿)和舅公(外甥有儿子),以及举家无大的忌讳,儿孙们也可为其长辈办大寿。如果后辈打算这样做,必须征得寿星同意。儿女们为家里老人庆寿要做各方面的准备,全家必须一致同意并为此出力。给老人备制衣服、帽子、拐杖、鞋子及孝敬老人的食物等;备办香烟、寿饼、寿面、寿宴;有的还请来唱戏、唱曲的。老人生日这天,家里堂上设案、摆烛、放椅及跪垫,匾额写"南极生辉(男)"或"中天婺焕",七旬大庆、双庆可写"椿萱并茂"或"松柏飞春",大"寿"字(百寿图、寿星图),"福如东海,寿比南山"对轴,显示喜庆气氛。家里请来帮手帮忙做寿面、寿烟、寿糕、酒席等。获邀请的亲朋好友村邻等客人陆续带礼物或红包前来祝贺。寿星老人在老伴陪同下端坐堂上。案上点起对烛，摆上寿桃、寿果、糕点，然后于厅堂门外放爆竹拜寿。按儿子、孙子、女儿、媳妇、外孙、亲友的顺序，依次向老人拜寿祝贺，祝寿星洪福齐天、福如东海、寿比南山、添福添寿。接着便摆开寿宴，寿星于首席位置坐首上，满堂向寿星举杯祝贺。众人喝寿酒（外），散寿糖、寿果，吃寿面，抽寿烟，吃寿年糕。宴毕，又放爆竹，如无其他庆祝活动，便结束仪式，客人辞行，主人给来客回礼，大都高高兴兴带回些寿糕、寿饼、寿果等，托福分享。老人从此可经常穿戴寿元用品，戴寿饰挂寿杖。随着年龄不断增长，还可做七十、八十、九十、百岁大寿。因病或无疾而终的六十岁以上老人都可称寿终正寝或圆福。有的村落房族，已是"寿星"（六十以上）的老人可被邀请吃寿酒、喜酒。参加村邻众家任何人家的婚丧喜庆酒宴，老人可多接或接双份，获得主人散发给的饼、喜蛋、喜面等。早年流传的杖乡、杖国、杖朝，如今再也未见了。

报丧

办丧事在西山万寿宫一带有着根深蒂固的传统。旧时，办丧事也是一个家庭或家族展现自己实力的机会。哪怕老人生前并没有得到儿孙的厚待，凄凉地过日子，老人去世后，只要儿孙的日子还过得去，到了发丧时，这些不孝子照样会换上另一副嘴脸，在大众场合做做样子，也借此改变自己的负面形象，让村人对其改变看法。但是，这样故意的做法怎么能改变人们的看法！在背后，人们照样戳他的脊梁骨，骂其不孝子。只有那些在生前对老人尽孝，死后又将老人厚葬的村民，才能得到真正的褒奖。

那些生前不尽孝、无情无义之人，人们也十分不情愿给他办丧事，只是拖沓应付着，丧事也就办得寡淡无味。

办丧事，最先的就是报丧，挑选报丧人也是颇费周折的一件事。按照旧俗，亡者家的当事人，整个家族的血亲，即儿、孙、云孙，都不能前往报丧，只能在村邻和远房家族的兄弟中挑选，而且这些人必须吃得苦，跋山涉水，不辞辛苦。

家中的老人丧亡后，丧家便要将家族中的年轻人请来家中做帮脚，诸如杀猪、报丧之类。丧事必须通知亲戚，否则亲戚可以置之不理。家中老人亡故后，丧家便让几个年轻人分头按路线前往亲戚家中报丧。

报丧人必须亲自找到亲戚朋友家的主事人，将丧主家故人的亡时、出水时辰、出殡之日及时向主事人报告清楚。如亲戚朋友接报后，不去奔丧送殡，那就会受到村间坊里的议论和指责。

刻字牌

刻字牌就是刻碑记，这是件很慎重的事。先由村中的老先生撰写碑文，中为死者讳号，右为生卒年，左为后辈子孙名号，有讲究的，还请族下或亲戚朋友中的文人雅士为主碑两边的副碑撰写诗赞和墓志铭。诗赞一般为四字句，要押韵，以赞颂丧者生前功德为主，可长可短。而墓志铭也可以散文方式展现逝者一生，并将家族荣光盛事写进铭中。

刻碑的石匠，也要挑选有经验、头脑灵活、对文字有感觉的人，这样刻出来的字隽永美丽。一块好的碑铭，是一块艺术品，足可作为传世之作。

请唢呐

办丧事时，用曲乐烘托气氛，这也是祖上传下的规矩，正所谓无丧不吹，谁都不可违例。请吹打手作为丧事的帮脚，须尽礼数，要有规矩，支付佣金，而且不得薄待。吹不吹，先看桌上飞，再看红包纸，也就是看红包的厚薄。在吹时，见机行事，卖不卖力，以此而论。

举行丧礼必须请唢呐，每村都有这样几对吹打手，有规定的曲目。办丧事过程中，送葬过程中，唢呐和锣钹交替吹打，不得停歇。曲牌有《孟姜女哭长城》《小桃红》等。吹唢呐者应技术娴熟，如会换气不停歇地吹，请他的人就会多。

请八仙

西山万寿宫一带的每个村子中，都有一支专门负责丧葬事宜的队伍，这支队伍共八人，号称"八仙"。八仙，从宗族各房族中选出一人或几人组成，这个因袭制度，在父子或叔侄、伯侄间传承，属于子继父业。乡间在田地劳作收入不多的情况下，以丧葬为职业，也是增加家庭收入的办法之一。如果遇上出手大方的主家，这种收入还会出人意料地丰厚。在乡间，八仙很受人们尊重，因为丧葬毕竟不是一件高兴的事，而且与血污有关联，并不是每个人都愿意做这件事。有一句话这么说：尊重八仙就是尊重自己的父母长辈。由此八仙的地位便可想而知了。

为死者举行葬礼，八仙的角色很重要，死者入土前所有的丧事活动都在八仙的主持下进行。死者去世的当夜，八仙便一齐来到死者家中吊唁并守灵，行鞠躬三拜之礼，丧家应操办酒宴侍候。到了出殡的当天，三更时八仙便来到丧家，按照要求，为死者穿衣，帮助丧家孝子出水。丧家儿媳要为死者净身，净身时必须啼哭不停，口中念念有词，以颂死者生前恩德为主。随后便将死者入棺分针，即用棉线穿针，于棺间居中位置拉直，用吊着的针与死者的鼻梁对齐，不能有丝毫的歪斜，并用孝子贤孙的衣服塞紧，放妥，随后盖棺。

请地仙

"地仙"是西山万寿宫乡间一带对从事堪舆之人的称呼。在丧事活动中,人们都十分重视风水。按照风水学说,先人下葬的方位、地点、山向决定了后代的命运,稍有差池,后代将凶多吉少。人们出于从众心理,对所谓的风水师有了依赖,俗话说:命运不足,赖坟赖屋。可见风水在人们心目中的地位。同时,风水师仗着自己小有文采,故弄玄虚,把风水吹得神乎其神,让普通百姓有种舍他其谁的感觉。风水师凭着一张不烂之舌,在巧舌如簧的鼓噪后,骗得民众的信任,使风水这门手艺越传越广,也使风水师小有名气,成为当地的"先生"。

在湖区,举行葬礼,最慎重的,莫过于请地仙。地仙是乡中的半个秀才,这等人物在办理丧事过程中,受到人们的尊重。东家将其请来后,三茶三点招待,上山踏勘都要由族中的老者陪同。到了山上,"地仙"对山向、水系进行一番观察后,便将包中随身携带的罗盘取出,根据当年大利方位和死者亡故的时辰等,决定死者的安葬穴位。定下后,由地仙做好标志,然后,爆竹响过,孝子跪于穴中,手中握铲,口中念叨"莫吓",铲下,土动,选穴算是成功了。

出水

在丧葬礼仪中,出水是整个过程中的重头戏。它的意义在于对死者的尊重,也让生者尽最后一次孝行,体现小辈对长辈的尊敬。整个过程充满人性关怀,也体现了中华民族文明古国的优良传统,体现了一种家族传统美德的温暖。尽管这种礼仪的象征意义大于现实意义,但是,整个过程却十分庄重、严肃。由于这一切都是在凌晨的夜幕中完成,因而又多了几分神秘感。

死者入棺之前，孝子由鼓乐队或吹打锣钹队陪伴，携带木桶，从家中出发，一路前往村中的井边或塘边取水。来到塘边，孝子举三支香纳头跪拜，意为请水。跪拜完毕，由孝子中的长子举桶打水，取水一桶提回家中，由孝媳为死者净身抹润（为死者整理遗容）。随后，由八仙为死者更衣。至此，出水的仪式方为完成。

祭杠

在丧葬礼仪中，祭杠的工具其实就是祭祀中扛抬灵柩的竹杠、工杠。灵柩在进入祖堂后，负责丧葬事务的八仙便在祖堂外的坪场上，将安放灵柩的担架扎好，祭杠仪式便开始了。祭杠的意义，有请求上天佑护灵柩一路平安之意，也有乞求上天佑护死者后人生财纳福、诸事顺遂的意思。而利用这种仪式，也提升了八仙在百姓心目中的地位，意为让逝者后代沿袭古风。给予八仙的报酬也随着时代的发展和人民生活水平的不断提高而节节攀高。还有一层意思，就是对逝者的追思和怀念，让人对逝者产生一种敬畏。因此，祭杠仪式在湖区的乡村普遍存在，得到了很好的传承。

在村中的祖堂前，为死者举行祭杠仪式，是死者最为荣耀的事情。因为在鄱湖地区有个老规矩，死者出村在外，不得进村入祖堂，死者因牢狱之灾不得入祖堂，死者生前有违规严重情形（诸如乱伦、不孝等）也不能进祖堂。亡故的老人由家人移灵至村中的祖堂后，儿孙、亲戚、朋友及族众，便依次序、辈分大小，为死者启祭烧香，随后，便开始祭杠。为首的八仙，先是酒祭，次是鸡祭，后是肉祭。这位八仙在这三通祭祀中，念念有词，朗声喝彩。彩词是早有的定调，每喝一句彩，附和一声锣，一通祭程一通长锣。三通过后，便将孝金和祭仪礼品和盘托出，有"三牲"和祭金若干。祭金由丧者的女儿提供。为了显示孝女的慷慨与否，八仙会有意地将祭金高高举起，当众清点钱数，让送葬围观的男女乡亲啧啧称赞。整个祭祀期间，丧家的孝男孝女必须跪拜于地，祭毕，在八仙抬手示意跪拜完毕后，方能起身。到此，祭杠仪式也就结束了。

出殡

出殡是丧葬习俗中必不可少的一个环节，是在灵柩离开祖堂后进行的仪礼。有钱人家会在出殡路上敬酒肉，路人只要在灵柩前行叩拜礼，都可享受一斤肉、一斤面的回报。

祭杠仪式过后，一阵长长的爆竹响过、一声炮响过，八仙便和鼓号队、吹打手一道，抬棺前往阴山了。孝子举哀棍扶柩同行，一个在棺前，一个在棺后护卫，以保护灵柩不出现座棺、跌失的情况。如果途中八仙有违规现象出现，或跌倒，或失挑，孝子可举哀棍鞭打，八仙不得违抗。

死者的后代及亲朋好友要一直送葬。队伍出村后，八仙停柩，亲朋好友围着灵柩左转三圈、右转三圈。端灵牌的后代子孙走在前，在送葬队伍行进时，他们必须三步一回头，九步一叩首。在团棺转完后，端灵牌的后代及女眷护送灵牌归家，将灵牌于祖堂之上坐定。按照女性不送葬上山的旧规，团棺后，只有八仙及后代子孙送葬上山，其他亲戚朋友都可散去。而且有条规矩，亲戚朋友不能再回逝者家中，更不能在逝者家中吃午宴。

出殡时，前有撒纸钱者、打爆竹者、放铳者，爆竹每隔百米打一封，放铳者每个弯道或过村挨户都得点铳。八仙在每个路口、桥头、上下坡时必须齐喊："莫着吓！"意谓安慰云故之人遇路坎坷时都不必害怕。众子孙护柩帮八仙一把，长子必须护在柩前，次子在柩后护卫，其余护在左右，直至平稳上山。

团棺

团棺实际上就是对死者最后的告别仪式，是在儿女的哭声中完成的。众亲戚都会在左右相劝逝者家的女眷节哀。

灵柩前往灵山途中，送葬的人群必须举行团棺仪式。八仙抬棺出村后，选一处空阔场地停柩，由前导率领抱灵牌及死者遗像的孝孙等，围绕寿棺顺时针连转三周，以显示后辈的依依不舍之情。死者送葬行列中送葬男女跟随，每转至棺前，亲朋好友都需要举拜。随后，又需要逆时针转拜三周。完毕后，八仙抬棺前行，鼓号队吹打手相随，孝子随灵柩上山，而女辈则折转归家。

下葬

将逝者的灵柩安葬是件十分讲究的事。事前，在请地仙踏山时，地仙已将安葬的地点方位、日期时辰，开好课单贴在逝者家的堂屋墙上。灵柩所停位置在灵山上必须与安葬的方位保持一致。灵柩上山后，八仙也相随上山，重新用罗盘调试一番安葬的方位。待到午宴后开坑。

主家按照地仙开课定下的时辰，一般选择在午时左右，八仙便开坑下柩。坑底必须平整，深浅由地仙敲定。坑完成后，由八仙取干柴在坑底点燃来热坑，一般用芝麻秆烧坑为佳，寓意节节高。随后，便将灵柩入坑，棺木必须平整置于坑底，随后便开始砌墙盖棺。拥土成冢后，孝子将"三牲"及酒水供上，点响爆竹，撒上纸钱，便拥着八仙下山。此后三天内，傍晚都由孝子媳及儿女，带上酒水、"三牲"上山。用稻草扭成长条，沿坟圈定时点燃烧，这叫暖丘。

满七

亲人亡故后，丧家按照他去世的日子往后推，以每七天为一七，追念一次，直至七七四十九天。到了这一天，丧家备"三牲"、酒水、爆竹、纸钱，前往墓地哭灵。安葬的第一个七天，也要备了干草长结绕墓一周点火烧冢。满七这一天，亲戚朋友也会备了纸扎箱笼、钱柜之类的，前来吊唁，并由主人设宴款待。大家围坐桌旁，讲述亡故之人在世的各种好处和所做的善事，回忆亡人的奇特经历，人们唏嘘不已，感叹有加。

周年

为亡故的长者逝世一周年举行纪念活动，这是祖辈延续下来的旧俗。其实，做周年虽说是亡人逝世一周年的纪念活动，但是，在西山万寿宫一带，做周年并不需要等到逝世之人去世满周年才能开展纪念活动。如果当年过世，民间一般都选择过年前的农历腊月二十日，开始吊丧。亲戚朋友都在这一天前给丧家送来祭礼，一块布料、一挂爆竹，关系密切的还要送上金钱，以表敬重。丧家在这一天，早早将各家亲戚送来的布料张挂，并写上礼者名号，吊幔挂帐论辈分列出。还要备了祭祀流水席，少的几桌，多的几十桌，族下的青年男女都会来帮忙端菜倒酒，精心伺候。

做得隆重的丧家，这一天，孝子还得穿了孝服接待宾客，后辈女儿还得在堂前的灵牌前痛哭追忆，诉说逝者生前的诸多好处。孝子也会在开席前，点上香火，在长辈灵前三跪九叩行祭祀大礼。

瓷板画

亲人亡故后，在赣鄱地方，多会给亲人画一块瓷板画，在列祖列宗牌位前摆放，以备岁时追忆。早年，在相机没有发明前，亲人亡故后，或者在世时，请老人坐到画馆，请画师当场描像刻画在瓷板上，利用火，烧制成像。早年，在新建樵舍街，瓷板画尤为著名。其画老道、形态逼真、栩栩如生、惟妙惟肖，深得人们喜爱。时至今日，瓷板画也开始从历史舞台中退出。由于影像复制技术的到位和照片成像技术的处理，昔日的这一行业已成明日黄花了。

4　民间娱乐

早年唱戏看灯，内容很丰富。有的是看道情戏，听艺人打道情；有的是听盲人拉二胡唱清音；有的是到乡场中看走马灯，村中祠堂前的屋檐下挂满各色各样的纸扎走马灯，点亮蜡烛后，靠火烟拉力的冲击，灯开始转动；还有的是听艺人打快板，听说书，讲秦琼卖马、程咬金买扒爪、霸王别姬、刘邦斩蛇起义等故事。唱戏看灯的由头，可以是因结婚喜庆，族中学子考中举人进士，做屋上梁建新房，族下建祠堂、修谱牒或族下出湖捕鱼，或某位族人在外发了财归家散烟火、给族下每人发红包。这些乐事自然便会请乐队，请艺人前来捧场。这些艺人也不拘主人打发钱的多少，一呼即到，粉墨登场，做灯做戏，叮咚咣当便唱起来。这可乐坏了族人，既得了好处又捡了便宜，还饱了眼福欣赏了如此一场好戏。

龙灯

龙灯是西山万寿宫一带一项既古老又广泛传承的灯彩活动。春节期间，是龙灯表演的最好时节，不管当年收成如何，到了腊月，便会想起停放在祖堂的龙灯。然后，便由村中的长老率领，在祖宗牌位前进行祭拜，点亮香火，将龙灯请出祖堂。这时候，村里不论长幼都忙开了，大家用稻草扎起草龙、香火龙、三节龙等，又用纸扎团起滚龙。草龙等多为三、五节，而滚龙却在七节以上，多的达十九节。

说到龙灯，民间有个传说。鬼谷子与龙王敖广打赌：某年某月某日某地当有雨下，而且算定是城内三点，城外七点。龙王听了一惊，因为这正是玉帝规定的下雨时间。但龙王故意要让鬼谷子失算。到了这一天，某地真的下雨了。不过，下雨的时辰是城内子时，城外午时。没想到，这事让玉帝知道了，玉帝龙颜大怒，当即责令魏征将龙王敖广拿下，午时问斩。这敖广听了，懊悔莫及，没想到一时任性竟招来杀身之祸。他连忙找李世民出面帮忙，让魏征刀下留情。李世民也有心搭救敖广，当即将魏征请来下棋，直下得魏征昏昏欲睡。李世民见魏征睡意上来，心想，让我给你扇几扇，快快进入梦乡吧。谁知李世民刚动扇子，便将魏征扇醒。魏征不醒犹可，一醒恍然大悟，一拍大腿，道：哎，要不是皇上扇这几扇，差点误了大事。当即奔出李世民房中，在午门外将敖广斩了。敖广也是不好惹的，提着自己血淋淋的龙头来向李世民索命。李世民顿时慌了手脚。为了让龙王生生不息、长生不老，他下令民间，每逢春节扎龙灯。正好扎龙灯是农历腊月十一的夜晚，于是民间便把这一夜叫作起灯夜。从此，民间龙灯年年舞不停。

新建地方为消弭水患，每年以送龙的方式，纪念治水专家许逊，龙灯舞得尤其热闹，几十条龙灯在一起舞是常事。

蚌灯舞

蚌灯舞是两人表演的双人舞，讲述了一个美丽的蚌仙与一个贫穷憨厚的渔夫的爱情故事。

一天，渔夫来到江边打鱼，捕了半天，一条鱼也没捕着。正在渔夫烦恼的时候，蚌仙来到了他的身边。渔夫不知这是蚌仙，即迫不及待地想捉到这个又大又美丽的蚌，事与愿违，结果反被蚌夹手、夹脚、夹屁股和夹头等，被蚌仙戏弄，不得已只好与其左右周旋，极尽各种嬉戏。渔夫没有得到好处，生气地坐在岩石上抽烟，蚌仙再也不忍心逗渔夫了，就静静地躺在渔夫身边。渔夫高高兴兴把蚌背回家。从此，渔夫和蚌仙过着美满幸福的生活。

新建地区的村落，每逢元宵佳节，村民便自发组织起来，跳蚌灯舞助兴。村民们不但在本村跳，还到邻村表演。通过表演，不但活跃了节日气氛，还增强了村与村之间的团结。蚌灯舞可在舞台及广场上表演。如果观众对此舞有浓厚的兴趣，在表演时动作则可重复，以满足观众的要求。蚌灯舞表演风格独特，技巧丰富多彩，代代相传，已有三百余年的历史。

跳蚌灯舞，以喜、闹、戏、逗的情绪贯穿始终。为了达到表演效果，前辈艺人很好地运用了碎步、矮子步、抢背、蚌背和吊毛等传统戏曲动作，并以打击乐伴奏。人物的装饰方面，渔夫以小丑扮饰，蚌姑娘以小旦扮饰。这一系列的安排，使节目具有浓郁的喜剧色彩和戏曲性的表演风格。

狮舞

狮舞是流传于新建各乡镇的一种民间灯彩艺术。每逢春节，当地常伴在龙灯、茶灯、蚌壳灯、采莲船等灯彩中表演，因此人们又往往称其为狮子灯。每年新春佳节，村里都要在祠堂里举行一次大型武术表演。有的玩一套拳术，有的开兵布阵舞刀弄棒，有的耍一阵板凳，大伙各显身手，共磋技艺，这种习俗一直沿袭至今。

双狮舞分文狮与武狮。文狮头部色彩斑斓，面部以锦绣和花边装

狮舞表演

饰耳、眼、鼻、口,性格文静,表演内容主要为戏彩球。武狮头部造型威武,金脸方口,两眼外突,炯炯有神,在表演中着重运用武功技巧。狮子舞的表演程序是:在急切脆耳的锣鼓声中,舞球者走圆场引双狮出场,文狮和武狮在舞球者的引导下,做搔痒、舐毛、打滚、跃起、追球、嬉球、着地歇息等动作。之后,文狮退居后场,拳术者、大刀术者、双刀术者先后上场,耍一阵拳术、刀术,再分别与武狮一道逗狮。先后有徒手破狮、大刀破狮、双刀破狮等动作。由于雄狮威武、勇猛,拳术者、大刀术者、双刀术者先后破狮均未取胜。于是破狮者联合起来,齐心协力破雄狮。经过斩头过脑、引狮上山、逗狮过水等一番激烈搏斗,雄狮终因精疲力竭、寡不敌众,就地卧下喘息,舞狮者三人起脚蹬腿翻身亮相。

在以上表演中,文狮着重于表达文静与智慧,动作细腻、诙谐、轻松、洒脱。通过一整套形态逼真、活灵活现的动作,充分表现了文狮子温驯可爱和善于嬉戏、活泼轻俏的性格。而武狮则动作凶猛、威武、惊险。在表演一组上山动作中,破狮者将武狮引上三张方桌叠起的高台,并在高台上做竖牌楼、坐肩跷单腿、双腿舐毛、观望等高难动作。特别是在做"观望"动作中,舞狮头者要悬挂在舞狮尾的人身上,悬出半个身子,其场面惊心动魄,非常精彩。

在整个表演过程中,表演狮头、狮尾的人步伐自始至终都要一致,不能有半点错乱,狮尾服从狮头,统一为整体。特别是上桌抢背翻滚和下山(从二张方桌上跳下)等动作中,两人必须在同一瞬间翻滚跳跃。因此,狮头和狮尾应思想高度集中,配合得当,协调一致。破狮者在表演中除了要动作敏捷、步伐沉稳、招式精湛有力外,也必须与狮子紧密配合,尤其是在斩头过脑等快、险动作中更应如此。这样才能使整个表演显得活泼、紧凑,全部动作一气呵成。

双狮舞的表演是"舞"与"武"的巧妙结合。武术的刚劲、洒脱,和狮子的细腻、威武结合在一起,使整个演出产生了强烈的艺术效果。武术也不再是单纯的耍刀弄棒,而变得有交流、有逗趣,而狮子舞在武术的配合下更显示出它的气魄和威武。这样刚劲、洒脱、细腻、诙谐的表演,形成了双狮舞独特的风格特点。

新建道情

早年,新建地方流传着一种极富地方特色的说唱艺术——新建道情。这种道情以一截毛竹筒为主要道具,将毛竹筒中间镂空,两头绷制蛇皮,用手敲击,砰然有声。早年,当地百姓因生活贫穷潦倒,沿街乞讨，便用道情卖艺作为活命手段，以得到别人的同情和施舍。道情这种说唱艺术凄婉平顺，催人泪下。南昌采茶戏经典剧目《方卿戏姑》中有一出戏，就是利用道情戏表演的精彩片段。剧中主要人物方卿在自己坎坷的命运起死回生之际，利用典故和采茶戏的特有腔调，较好地表现了其对姑姑行为的谴责，同时又不失分寸。此唱段由于配有道情，使剧情表演和艺术塑造都得到很好的升华，为剧情的发展打下了扎实基础，也起了很好的辅助作用。这部戏至今在民间传唱，经久不衰，可见道情在当地百姓中的深刻影响。

新建采茶戏

作为地方戏，新建采茶戏的历史较为久远。据清道光年间《新建

新建采茶戏

县志》载，每逢元宵，"上元张灯，家设酒茗，竟丝竹管弦，极永夜之乐，明末为最盛"。采茶戏发端于新建道情戏和灯戏，在乡俗节日两人对唱，平日闲暇沿乡乞唱，以男性演员为主。明代著名昆曲艺术大师魏良辅对采茶戏的发展影响巨大，他糅合北曲的长处，融合弋阳腔和昆曲海盐腔以及民间茶歌的唱腔特性，对南曲进行整理创新，发展出一种委婉动听的水磨腔，即采茶戏原始唱腔下河调，开始成为民间采茶三脚班的初始唱腔长调特点。三脚班以二旦一丑为班底角色，配以鼓板、锣、钗及管弦。到清乾隆中期，三脚班的雏形已经基本具备，生、旦、丑的行当划分开始显现。到清朝道光年间，民间采茶班的艺人和小型民间采茶戏剧演出团队便在各地游走传唱，并在原生、旦、丑角色定位的基础上，逐渐增加了老生、花脸、老旦等行当。

民国初年，花旦角色开始进入采茶戏演出团队，女性演员的加入，使采茶戏增色不少。新建县采茶戏进入盛期，采茶戏中的上河调就形成于这一时期。上河调的长处就在于结合了安徽黄梅戏的唱腔特点，一改下河调拖沓、咬口、疲软的唱腔习惯，换之以清新、高雅、上口的特点，与南昌方言的结合更加紧密。

这一时期，著名采茶戏艺人、"猴子"谢与旺（大花）、"炷子"万怡炷（文武小生）、"福宝子"李志福（花旦）、"梅生子"刘启照（武生），以及"腊婆子"傅朝果（花旦），饮誉南昌地区，对采茶戏的繁荣和发展做出了较大贡献。

被称为戏窝的昌邑乡，是采茶戏下河调的发源地之一，有首民谣戏谑地表现了人们对采茶戏的热情。"台上唱戏台下和，一人唱戏众人和。老公唱戏老婆和，骚妹子唱戏撩过河。"著名采茶戏艺人谢与旺，人称"猴子"，自民国时期长年坚持在昌邑地方教戏，并亲自动手撰写采茶戏剧本七十余个。另外，福宝子和梅生子、腊婆子也经常在这里担任教习,为采茶戏发展推波助澜。这个1.6万余人的小乡村,鼎盛期光业余剧团就有11个。

采茶戏是南昌地区的方言戏,角色安排与京剧等没有很大的区别。大多数戏剧的剧情都有前文后武的情节戏,尤其是一些小戏、短剧更吸引眼球,诸如《扳笋》《秧麦》《劝夫》等,剧情诙谐、幽默、动情、入理,极易打动观众心弦。采茶戏的唱腔与方言结合紧密,符合南昌方言区的观众喜好。由于不断创新和开拓,采茶戏也采其他剧种之长,唱腔日益圆润、甜美、悠扬、上口。采茶戏根植鄱湖地区,风趣的方言特性十分有利于剧情的起伏变化和煽情。新建采茶戏既有鄱湖水乡渔歌的拖音传情、柔和优美的特性,又有江南民歌山歌狂放、一泻到底的神韵,易于学唱。

南昌采茶戏以一个"茶"字成就了其江南水乡特色,成为江南人茶余饭后或在茶铺酒肆品茗欣赏的绝妙佳品。采花戏是南昌人的精神支柱和寄托,维系着当地的方言特性和根基。

板凳龙

板凳龙是从板凳舞分支出的一种民间表演艺术,在新建石岗

板凳龙

地区沿袭已近千年。它取材简便易行，能多能少，多时超过百余条，平时多以五十条以上板凳相互连接串成龙沿街表演。

举对锥

举对锥是一种民间体育活动，在西山万寿宫一带已沿袭千余年。每村都请石匠用红石或麻石镌刻重量不等的对锥若干个，年轻人出工前、收工后或节假闲暇，都搬出来，相互比试所举重量，分个高下。

沿湖的乡镇，有时也会开展全乡的举对锥比赛，有的以比武的方式，也有以打擂台的方式进行比赛。比赛现场，气氛热烈。看热闹的在土台下，为打擂手喝彩鼓掌。打擂手们也威风凛凛，而败下阵来的，则缩头缩脑，黯然离开比赛场地。

举对锥活动在秋谷上场后的湖区尤为盛行，人们在劳作之余以这种活动自娱自乐，强身健体，成为早年的一种时尚。

撑扁担

撑扁担是一种游戏又是一种健身的操练手段。两个年轻人，将扁担各持一端，用围布扎住手脉之处，扁担齐眉而平举，双方用力，以过中线为输赢的分界线。这种撑扁担的活动，方便简易，在农村很时兴。

撑扁担是一种最原始的强身健体的手段。所使用的工具就是担运粮食的扁担，将其作为比赛器具顺手拈来，简便易行，也不用学什么诀窍，只需要用自己的力气作为比赛的资本。双方在居中的扁担上角力，以力气的大小分高低。

这种比赛方式在湖区的农闲季节十分盛行，就是平时的茶余饭后，很多人也会举上一把，以此搏力，分个胜负，博众人一笑，讨个喝彩声。

得胜鼓

得胜鼓是一种极有地方特色的民间表演艺术。相传明朝初年，新建地方为欢迎朱元璋大军得胜而归，各村百姓自发制鼓。得胜鼓以整棵樟木镂空及整张牛皮绷制为鼓面而制成，敲打起来铿锵有力，威风八面，震撼人心。

打莲花落

打莲花落是一种行乞手段，指乞丐端着破碗，举着打狗棍行乞。但这毕竟太低档，部分民间落魄艺人便扎起花棍，在主家门前比画舞动，让主家开心。更有的用竹筒蒙上蛇皮，敲响手中的鼓板，口中唱上赞词，让主家觉得吉祥、开心，以多讨赏钱。

打莲花落是一种十分古老、传统性极强的民间表演形式。它对唱功要求不高，舞蹈动作也很简单，即学即会。但在民间也有唱功和舞蹈动作都十分好的艺人，能够边唱边舞一个上午，都不停歇。

拔河

用稻草织成长长的草绳。这种草绳结实粗壮，作为自娱自乐的工具。有的年轻人寻开心，便邀伙对赌，划地为界，双方以同等人数互拽对拉，谁被对方拉着朝前跑过中线，就算输了。

拔河是民间传统体育活动，湖区尤为兴盛。族与族之间、村与村之间、乡与乡之间，常常遇到这种绳子间的较量，从而增加了友谊、团结的氛围。有的地方在年俗期间也开展这种比赛，比赛时人山人海。双方出场队员，都有自己的啦啦队，为自己人助威鼓劲儿。

5 做屋上梁

早年,辛勤劳作的人们能建一栋属于自己的房屋,那在村子里就是件惊天动地的大事。一辈子的积蓄,完成的是一代人的愿望。日子过得红火,心情也会好起来,彩词也唱得平顺畅快。

拣日子

旧时,每个家庭在做一些重大的事情前,都要请懂行的风水先生选择一个吉日吉时,以便行好运,不触霉头。风水先生会根据所提供的家庭概况,按照旧历年的月宜忌选择适于做屋上梁的日子,并写在红纸帖子上,供主人采用。主人也会给风水先生送上佣金,表示谢意。

挑梁

某家若打算盖房子,在选好日子动工之后,最重要的便是请木工中的老师傅在众多的木料中选择一根笔直、粗实的木材,作为盖新房时的大梁。选大梁很有讲究,师傅吃了三茶三点后,腰别斧头,来到存放木料的场地,时不时用斧头削去每根木料的包皮,仔细察看。木料需找老成、厚实、笔直的，要干，敲起来当当作响。陪伴的人中不能出现女性。将用来做大梁的木料搬进木工间后，师傅们便在当夜出梁。出梁时，也不能有女人擅入，在场的每个人都不能跨过大梁，否则将是极大的不吉利。开始制作大梁时，主人必须给师傅们包红利，掌墨师傅的红利必须与一般木匠师傅不同，体现出等级区分，因为掌墨师傅是木匠中的权威，大家都得听从于他。大梁下方的中心位置，必须削平刨光。然后，木匠师傅开始漆梁，有的地方也叫画梁。画梁前，师傅必须在神位前，朝鲁班大师焚香，行三跪九叩之礼，并将酒洒于案前。主人这时须端来佘水蛋请师傅用点。用完点后，主人端来洗脸水，请师傅净手。同时，主人又端上瓜子、水果、水烟之类，请师傅享用。喜烟的师傅吹完三泡烟后，方才慢慢起身，打个哈欠，开始调漆、画墨。主人和木匠师傅的徒弟们在一房侍候，整个现场静寂无声，只有掌墨师傅在屋梁上动笔。中间画上太极图，两端各画龙、凤一条，榫头边各画蟠桃一个，龙、凤尾部各写上建房日期及吉利话。梁画完后，主人跪于梁之太极图间，焚香敬拜，以谢师傅用心费神费力。谢毕，主妇在外间又端出面汤或糯米圆子之类的，主人与掌墨师傅、木匠师徒人等，共举酒杯，共贺画梁成功。随后，主人侍候师傅进房歇息。画梁时，师傅们的手不能破皮出血，尤其不能将血滴在两端的月牙口上，如果这样做，木匠师傅就是缺德。旧时，有传说，某师傅因为主人招待不周，心有怨意，为了报复，故意将自己的手指弄破，将血涂于大梁的梁口。结果主人家入住后，不得安生，永无宁日，甚至出现夜鬼骚扰、家中损人口的怪异之事。当然，这是迷信之说，没有科学根据，但师傅的手不能破皮出血作为规矩，早已约定俗成。

包礼金（给掌墨师傅）

农村建新房，请来几个木匠，这些木匠中，一定会有位长者，他是这些木匠中手艺最好的老师傅，是领军人物。为了让木匠师傅建新房时顺利遂心，不给房主制造麻烦，不在木榫中故意留下血滴暗害房主，房主在动工之日都会包红包，给各位师傅多少不等的红利，控制这一点，讨好木匠不做手脚，在吃过开工酒后，主人就给在场的掌墨师傅送上一个红包，里面钱的厚薄掌墨师傅心中有数，他便会交代自己的徒子徒孙：做事在意，不得给主人留后患。徒子徒孙也会心领神会，听从掌墨师傅的吩咐，自然小心在意。事后，掌墨师傅也会从红包中拿出一小部分钱犒赏徒子徒孙，众人皆大欢喜。

开基动土

择好吉日，盖新房的时辰一到，便开基动土了。先点响一挂长长的爆竹，在众木工、石匠师傅的陪伴下，在房基地的正中焚香面南而拜，随后便象征性地用锹挖出一锹土，意味着动土了。女主人便适时端上糯米团、米酒之类款待木工、石匠师傅。木工和石匠师傅吃完后，也会象征性地锯上一根房料，或刨上一块房板。石匠师傅则用石灰放上线脚，为房基地画线。这样，就算开基动土了。

上梁（抛糖果、毫子）

新房的"人"字穿方竖了起来后，按照事先由地仙拣好的吉日吉时，请风水先生测过，一切对主人无忌讳后，木匠师傅便开始举行上梁仪式了。大梁两端扎了彩球，并用绸子捆缚。两个木匠师傅爬上梁顶后，便开始喝彩，彩词是固定的，寓意着大吉大利。喝罢一通彩，

四 万寿宫乡俗

上梁

梁便上升到一定的高度。在大梁徐徐上升的过程中，木匠师傅便从梁上抛下主人早已预备好的用红纸折的小红包，里面包上诸如钱角子、糖果等小钱和小吃食之类的，这时在场围看的人便蜂拥而上，不分男女长幼，大家尽情抢夺，吃着糖果子，翻着钱包儿，历数着钱角子的多少。大方的主人，包的钱角子多，众人便为主人说上一些吉利话，恭维一番，尽兴而归。上梁过程中，木匠师傅腰中的斧头不能落地，如果掉下来，既不安全，也不吉利，于主人家尤其不利，甚至是大祸临头的象征。出现这种情况，主人会认为晦气、不吉利，十分不高兴。

喝彩

喝彩是西山万寿宫一带一种口传身授、经久不衰的乡俗。无论是做屋上梁、娶亲嫁女，还是生老死葬、新船下水，都会请来村中戏班的师傅或村中的长老用动听的彩词喝彩。彩词内容以吉祥富贵、平安顺心、招财进宝为主。由于彩词生动、富有韵律、抑扬顿挫、拖腔拉调，很受老百姓的欢迎。喝彩师傅每唱完一段彩词，便会响一阵锣声，打一挂爆竹。有爱心的大户人家，便会多加赏钱，请喝彩师傅一个劲儿往下唱，博得众人的喝彩叫好声。

龙船下水

请龙

早年,水边上人家置了龙船,便会请算命先生或风水师选择黄道吉日,送龙船下水。到了这一天,制作龙船的木匠师傅都请来了,掌墨的木匠老师傅居上首先坐定,然后徒子徒孙依序居下坐定。族下便会选择德高望重的老前辈前来陪坐,先是一道茶,随后是点心,三茶三点,一个时辰换一轮,丝毫不得怠慢。同时,族下还请出菩萨,并抬上船,随后将驱鬼避邪的木雕吞口挂上船头。按照风水先生选择好的时辰,水手们在族长的带领下,给菩萨及吞口跪拜请安,请求神力佑护龙船下水,以眷顾水边人家。随后,即回到祖祠前,众人开始祭龙船。

祭龙

木匠师傅吃过三茶三点后,族下的牛皮大鼓便敲响了,大锣大磬也敲响了,随后便是吹打奏响祭礼曲。族下男女在德高望重的老前辈带领下,前往祖堂上香。老前辈后面,紧跟的是一位年轻后生,他端着托盘,里面摆放着早已准备的"三牲":猪头、公鸡、鲤鱼。众人三跪九叩,起身后,在族长的带领下,族众绕村一周。随后,将"三牲"摆放上船,供在菩萨和木雕吞口面前,一个时辰后,请菩萨下船,龙船开始试水。

捻船

湖边人家,各家都置船,不是渔船就是草船或者粮船,无论大小总有一艘。这船日日行在水上,也会浸水腐烂,破漏穿洞,一不小心就会在水上出现船破沉没的险事。到了冬日，各家便将船拉上岸，用石灰浆拌桐油渗苎麻，将船的旧缝填上新的石灰泥，用凿子锤入船的缝隙，干涸后，与船板融为一体，十分结实。破损严重的，船主还会请木匠将船板拆下，换上新的。

开河节

三月桃花汛是鲤鱼跳龙门的时节，每年这个时令，村子里都热闹非凡。人们划龙船、跑旱船、搭戏台、唱戏文、听俚曲、吹唢呐、敲锣打鼓，做灯做戏。男女老少，穿戴一新，来到湖边，等湖边各种祭祀仪式后的爆竹响过、铜锣敲过，几十条小船便一字排开，从斜刺里飞出，驶向湖中，抢着撒下第一网。如果村子里谁家在湖中网上来最大、最重的金丝鲤，就预示着今年这家的孩子学业会有大长进，高中头名。这就是代代相传的开河节。到了开河节前的日子，老人们编起了新的词儿唱："开河节，忙不迭，灶里不断火，路上不断客。灶间要安全啊！"水边人家，虽然生活困顿，可在庆贺节日时，却一点也不马虎，只要是节庆需要，村子里的人几乎倾巢出动，为开河节做谋划、认真筹备。

村中长老坐在村里的老祠堂上，稳坐先锋帐，指挥笃定。祠堂正中央的祖宗牌位映着他那张满是皱纹的脸，为其平添了几分庄严。祠堂门窗上的细花木雕和墙壁上的鸟兽石雕、砖雕，与村中长老的长者风度相映生辉，烛光中的威势和神圣使全村男女顶礼膜拜。

一切都按部就班进行着，从上午祭祀湖神的仪式到下午村中采茶戏的演出，如祭祀用的香火爆竹采买、中午全村聚餐的安排、菜食的预备，以及酒席上需要多少肉、杀谁家的猪、折价多少等，都安排得井井有条。当然，菜肴色香味的讲究，是最要紧的。掌厨的大师傅人选需要全体村民一致通过。

开河节当天下午的剧团演出非常重要,到这日,周遭四村八邻的人都要过来看戏,所以这戏只能演好,不能演砸。

按照村俗,每次的祭湖仪式都要选派一对童男童女当司仪,跟在村子里的主祭后面转。要说,选司仪不就是选两个十几岁的男孩和女孩捧捧大人的场吗,有什么了不起。可在当地人眼中,却分外重要。不少村在历史上就为选这对童男童女,村民动口舌、动拳脚,甚至打死过人。因为入选

开河节

童男童女,就预示着这对男女交了好运,一辈子有个好前程。这等好事,凡是村里有孩子的家庭,谁个不争,哪个不抢!选中了的兴高采烈,没选中的黯然伤心。后来不少村也想出了好办法。每年这个节日来临之前,主祭便召集全村红丁聚众议事,让每位参会者写上一对红丁的姓名,依次投进事先准备好的竹筒中。然后由私塾先生和大户人家的账房先生,一个唱票,一个在黑板上画正字。为了防止村中面子大的人家占便宜,最后的挑选结果可以是两对。选举结果公布后,由主祭召集村中的长老会,对这两对男女进行评议。最后,由长老会做出选择,定出当年的童男童女。

村里的男女都在为开河节的即将来临兴奋不已,大家都在做着各种准备迎接开河节的到来。女人们更是忙碌,都在为儿女们准备新的

衣裳。村里家家户户都早早燃响了爆竹，整个村子弥漫着薄雾，空气中散发着火药香，节日的气氛便在湖边蔓延开来。

当开河节的三通锣鼓响罢，第一个登台的是穿着袍服的河神，是整个祭祀仪式的主角。这个主角，在没有正式露面之前，任何人都无法知其根底。他必须让全村人有耳目一新的感觉。因此，仪式开始之前，众人都翘首以盼，希望看到河神登场。那种急切的心理，很难用语言表达。众人议论纷纷，相互猜测、揣度，有些好事的年轻人还相互打赌，认定自己心目中的河神会在吉时出现。让人没想到的是，不显山、不露水的河神原来是个孩子，跟在他后边跑龙套的童男童女，人们倒是事先便知。河神刚出场，众人便一片哗然。

河神画着一张类似戏曲中关公模样的脸谱。童男穿戏剧小生服，画小生脸谱；童女穿戏剧花旦服，画花旦脸谱，头上扎两个羊角小辫。三个孩子如此装扮，前后判若两人，让人感觉新颖别致。

以前，河神都由老人扮演，让孩子们唱主角，或许也体现了大人们的一种担心吧。眼看着村里的年轻男女一个个都在农闲时外出寻生路，甚至有不少长年在外打工，那些在乡村扎根、死守几亩薄田的人越来越少。尤其是举行某种仪式时，跟在河神和侍应后面的，就变成是一群撑着花花绿绿三角旗的孩子们。旗队后是吹打队，再后面就是村里戏班中穿戴戏剧服装的各种角色陪辇，走在队伍最后的是龙灯队——蚌壳灯、花篮灯、采莲船、鲤鱼灯。整个队伍由村里的老祠堂出发，顺着村里的老社坛祭拜；随后，又绕村里的荷塘一周；队伍转到村中的水井旁时，由河神从井中提一桶水，挨家挨户舀上一碗，全家大小每人喝上一口，这样一来村子里的人就可以在来年驱邪避鬼、身体健康。转过井台后，一挂爆竹响起，地炮手用火铳放上两通，地炮声震天动地，撼人心弦。四村八邻赶来的人在此时便到达了高峰。参加表演的人也为之一振,更是抖擞精神,像模像样地完成每个细节。由于扮演河神的孩子还不了解祭祀的环节,主祭便成了他的导师。主祭在前面细细指教,烧香、跪拜、叩首等,孩子做得挺到位的。由于稚童当河神,人们都觉得新鲜,尤其是在孩子不懂规矩,多叩了几回头或者多分了几炷香时,都会引发人们的哄堂大笑。孩子也不笑,只一股认真神态,煞是惹人喜爱,在人们心目中,倒真把他当河神了。有几位老太婆虔诚地冲出人群,走到孩子面前,纳头便拜,嘴里念念有词:大神保佑,大神赐福,让孩子措手不及。童男童女也生出不少的笑料,两人由于袍服过长,走到路窄处,不是你踩了我的裙子,就是我踏了你的绶带,狼狈不堪,惹出不少笑话,平添了几分热闹。

队伍出村后,便登上鄱湖大堤开始祭湖。村里的男女老少几乎都是表演者,大家在主祭和河神的带领下,齐刷刷跪在堤岸上,一连九叩首。这时,锣鼓齐鸣,爆竹震天响,祭祀便进入到高潮。

龙舞、蚌壳灯舞、花篮舞、鲤鱼舞,大家一齐舞起来,暂时忘却了自己背负的生活重担,忘却了生活的困顿和烦恼。村里人在鄱阳湖一带传唱属于他们自己的人生好戏。

人们都毕恭毕敬地把其当作河神敬仰,朝觐的热乎劲儿与鄱湖的浪一争高下。

到了渔船出湖的时刻,一阵锣鼓响后,鞭炮声震天动地。随着地炮一声震天巨响,只见湖上,百船齐发,百网齐撒。回家的船中,谁家网上了金丝鲤,谁家今年的运气就算是合了鲤鱼跳龙门的说法。

入夜,祠堂土库前的乡场上,用各家搬来的门板搭建的临时舞台四周,人山人海。看戏的人又一次欣赏乡村戏子在舞台上情意缠绵,几分真、几分假地上演他们的拿手好戏——传统采茶戏《金莲送茶》。

6 生活习俗

从平平淡淡的生活中寻找新意,为生存留下一些趣味,留下一些经验,这就是人们常说的活法。俗话说:十里不同风,百里不同俗。人们就这样活在乡俗中。

打平伙

长久以来,西山万寿宫一带的乡间都有打平伙的习俗。这种习俗之所以能够盛行,是因为长期居住在湖边的人们,生活单调、平淡,为了寻找乐趣,同时又能让村邻众里过得平顺舒心、团结和睦,就有不少人以各种名义聚集在一起"扛平打伙"。比方说,村里谁家杀了猪,几个人或十几个人凑份子,供些银两,剁上几斤,由其中烧炒菜肴有几分手艺的掌锅铲,众人洗的洗、切的切、弄佐料的弄佐料,有那笨手笨脚、什么也不会做的人,干脆就一屁股坐到灶间烧火,用火钳叉柴这门手艺总会吧。一旦锅中溢出香味,有嘴馋的早在一旁咽口水,趁人们不注意揭开锅盖,眼尖手快,从热气腾腾的锅中迅速夹上一块,塞进嘴中,津津有味地嚼起来。旁边有那盯上的,揪住他,众人便开始对他进行惩罚,有往他脸上涂锅烟灰的,有给他做禾草帽的，把他打扮成一个黑脸包公。到了开桌动筷子时，他得让众人先行吃过三块之后，方可动筷。可到了喝酒时，却会让他多喝，罚酒三杯。大家嬉笑怒骂，扬拳猜令，热闹非凡。村人多半站在一旁看热闹，也不掺和。

如果村里的青壮年下湖罩鱼，回来之后也会打平伙。谁罩的鱼多，谁便多出，罩的少的少出，没罩到鱼的不出，并不计较各自份额的多寡。大家选中村里有大锅大灶的人家，请来出色的烹鱼能手，在灶头掌锅铲。随后，又去谁家买来几壶酒，大家猜拳把令，喝个一醉方休。

打平伙

敬灶神（打灶）

旧时，西山万寿宫一带，每家每户都烧柴火灶。秋谷上场后，各家都用大草镰，举家前往西山万寿宫一带打草晒干、堆垛，准备过冬的灶烧。一个家造灶安锅，是很慎重的事情。主人必须郑重其事地将家人的生辰八字带上，请村中或乡间的先生开课，选择吉日吉时。时日定好后，主人便早早准备好土砖和石灰，等待石匠师傅上门。这天到来时，主人早早安好灶神爷牌位，献上"三牲"供祀，焚香跪拜，心中默念灶神爷佑护。石匠师傅便将主人家的淘米水泼浇于主人家动

四 万寿宫乡俗 | 153

灶的地方,自己也朝灶神爷拜请一番,然后动工开砌。灶成后,由主人试烟,即先烧一个草结,看房外烟囱冒出的烟量以测试这灶砌的成功与否。到了晚上,主人、石匠师傅一道谢过灶神爷后,开始入席饮酌。石匠师傅往往一醉方休。

穿蓑衣

早年,没有雨衣,但是农忙季节又得出门耕种,农家便想尽办法寻找雨具。后来,做蓑衣便成了一门手艺。西山万寿宫一带,棕树颇多,每年秋冬季,便是编织棕衣的季节。家家户户将棕衣积存到一定数量后,便将编蓑衣的师傅请进家中。师傅来到家中后,先将棕衣搓成棕绳,再将棕绳穿于粗大的铁针上,然后便像缝衣服一样,将棕衣串成上衣和下衬。这棕衣制成的蓑衣,活像古战场上斗士们的铠甲,配上篾制的棕叶斗笠,很是威风神气。但这蓑衣笨重,做事不方便,容易让人劳累,尤其是大雨将整个蓑衣浸透后,蓑衣的分量更重。

请裁缝(女红)

旧时人家,到了秋后,都要为家族成员缝制一两件新衣。秋谷上场后,家中丰稔,有余钱后,便去墟填上购买布料,也有的在家中自己织土布及苎麻布,将裁缝请到家中,好茶好饭打点。裁缝师傅吃百家饭、串百家门,口才也不差,乡间逸闻趣事,边裁剪边叙说,让主人既得了新衣裳,又听来不少外面的新鲜事。主客都高兴,衣服也做得让主人满意。早年的衣服不像今天的衣服华丽,对襟褂、长衫土裤,穿上能见人就行。裁缝师傅完工后,收了工钱,高高兴兴卷了竹尺、刀剪、针线,又被下一家接走了。

绞绳子

每年冬季来临，湖边的农家都要准备好第二年所用的各种绳子，像拴牛的牛绳、打水用的井绳、拉犁拉耙用的绳索，还有箩筐绳、牛车绳、挑砖打石用的绳子等。绳子用处多，预备的绳子也多。到了冬季，村子里每家每户都响起了咚咚的砸秆声。绞绳子需要先将禾秆打蔫，打至十分柔软，选择其中的主茎作为编绳的原料。然后，用木制的绞子——一种将三股绳条绞成一股的工具，几个人合作，用挑选出来的主茎一根根随着绞子拉成粗坯条，然后将粗坯条或二股或三股条绞成绳条，织成一根绳子。成捆的绳子抛到门前塘中，一个星期后捞起，再晒干，吊于后屋梁上，以备来年使用。

打砻

早年，乡村中没有打米机，仅靠篾筐。即破竹为篾，将竹篾编成圆桶，内筑实红壤土，这种红壤土添加糯米粥，形成块状后，十分坚固耐用，像磨盘一样，能将谷粒破壳。有壮实的汉子，一天能推砻出米二担。

打砻是一个家庭殷实的体现。谷多了，把谷打成米以满足人们吃饭的需要。碾子碾米会把谷碾成粉末，古人就发明了砻，用这种特殊的工具破谷壳，米也不会烂，于是砻在湖区很受欢迎。

饮春茶

西山万寿宫一带的丘陵地带，是栽茶的好地方。每年开春后，茶农背了竹篓上茶山，采摘第一道春茶。年轻的采茶姑娘和采茶小伙子最为开心，一边采茶，一边对着茶歌，情真意切。一旦茶歌对到高潮处，两情相悦，便以身相许，成就茶家的一段佳话。

在茶家开在路边的小茶店内，新茶进碗，不收茶钱。茶村家家户户都沏了春茶，等着茶客上门品尝。在茶客的细细品咂中，春茶的香、甜、纯，全品出味来了。

篆磨子

农耕时期，磨子是农家必不可少的器具之一。村中每个家族都会由族中长老或其他主事人出面，由各家各户出些小钱，集资篆磨子。由地仙择定吉日吉时，请来会篆磨子的石匠师傅，农家首先得从西山大岭中选择老麻石作为篆磨子的原材料。到了动石时辰，先响过一阵爆竹，随后便开始打制石磨了。石磨为上下两部分，各打制上伞状条纹，以利于磨制米粉、豆粉等。浸泡一夜的米或豆，送进上片磨面上的小圆口，人工推磨，经上下两片磨的摩擦，米粉便从磨子中泻出。

捡漏

早年，乡村都有专门上屋捡漏的石匠师傅。西山万寿宫一带的大户人家，旧的土库多，由于江南潮湿，霉雨季节过后，不少瓦条和房檐等都逐渐糜烂。同时，灰瓦有破裂损毁，或有白蚁吃了桄子，土库上的瓦片跌落了下来，不仅不能遮风挡雨，还容易伤人出事故。于是到了每年农历七八月间，大户人家都要请来石匠捡漏，维修屋面。来家后大户人家对石匠师傅不但要好酒好菜招待，还要备上三茶三点，即在每餐饭的中间再请石匠下房来喝茶、吃点心，乡间把这也叫过昼。

晒书（农历六月初六）

西山万寿宫一带，地势低洼，长年潮湿，书籍容易发霉被虫蛀。早年，到了每年的六月初六，每个村的书香门第，都会将家中的藏书搬到屋外曝晒。后来，这种晒书风气传扬开后，其意义就不仅是晒书了，也成了书香门第显摆的好机会。谁家的书多、书少，大家一目了然。再后来，有的村书生多，便出现了晒书会。大家翻着别人家的书，相互品读，吟诗答对，谈文论道，村子里充满了书香气。书香世家也便在这种氛围中形成。

7 生产习俗

自从人类开始刀耕火种,便在劳作中得到启迪,于是就有了各种生活习惯的形成,有了社会生产的发展和进步。从土地中求财,是一件很自豪的事,辛苦的同时也能积聚财富,因而就出现了众多的耕读世家。

种植

西山万寿宫一带农民,以种植水稻为主。每年到清明时节,他们便开始浸种,用禾秆将种谷包成一个个大团子,滚进门前塘里,待谷发烧后,将团包捞出,将芽谷抖散撒进田中,随后放水晒田,待芽长出,无雨天要注意田中水位变化,确保秧苗茁壮成长。凡早稻开始拔秧移栽时,要准备爆竹在秧田燃放,俗称开秧田,以祈求土地菩萨保佑丰收。

西山万寿宫一带农民有耘禾习惯,即跪行于稻田泥水中,用双手松土除草。对此的形象说法是:"湖乡人是求饭吃(作揖下跪求神拜佛),外地人是讨饭吃(手拄拐杖,形同乞丐)。"早稻一般耘三次,俗谚"禾耘三道,不吃东道",意为用工多,增产多。跪田耘禾的习惯相沿至今。

中华人民共和国成立前，西山万寿宫一带部分地区在早稻收割后，多因天旱不能再种晚稻，习惯改播耐旱的荞麦，而荞麦吸肥多，往往影响来年水稻收成，俗语"荞麦田里借谷吃"。

封山造林

早年，湖区的山地多由各村房族长辈牵头，村民义务栽种，种植了小山竹、马尾松、樟树等，自订护林公约。在竹、木栽下后，鸣鞭炮封山，所栽竹、木的山地和林园称"禁山"，任何人不得进入扫树叶、挖笋、放牛。竹木成林后，按规定的开禁日期，有的地方还订立禁采条约，在山中路口立下禁采碑，对村民进行约束。到了开采的日子，经过村中长老及族长们商定，大家统一进山采，所得红利，由族长根据各家所出劳力的多少和家族成员多少进行分配。当然，这其中也不乏族老从中克扣、剥削、侵吞众利的，以饱一己之私。中华人民共和国国成立后，土地公有，植树造林改由县、乡、村经营。

捕捞

早年，农村多是用祠堂、寺庙所管的湖及塘放养家鱼，渔家多备有渔船结伴外出捕捞，称起鱼。所得鲜鱼，一部分按出湖村民家的人口进行分配，一部分分给捕捞者以补偿渔具损失，其余卖钱作为祠堂或寺庙收入。在起鱼的当日，选取肥大的鲜鱼供房族长辈会餐一次。

滨湖地区的农民，多为农忙务农、农闲捕鱼，多数备有渔船，结伴外出捕捞野鱼，沿途卖出。有的由集体或个人承包放养家鱼。还有不少人在滩深河港围堰放鱼。每年下半年，鄱阳湖一带退水，河港内的水也慢慢随着下泄。这种守株待兔式的捕捞方法，连小鱼小虾都不会放过,大小通吃,对鄱阳湖一带的渔业资源影响极大。

捕猎

20世纪70年代初,滨湖等地,每年冬季有猎雁的习惯。不少农家备有雁排(极小的舢板)和雁铳(装火药、铁子的猎枪),多在晚上将雁排推入雁群停歇的浅滩芦苇中,捕杀大雁、天鹅、野鸭等。为保护野生资源,保护鸟类,20世纪70年代后,政府明令禁止捕猎。

商肆

西山万寿宫地处南昌城郊,历来为农村集贸市场。除了固定商店贩卖各种商品外,早年多以定期的墟日进行多种农副产品交易,以物易物。各集市的墟日,分别有农历的"一四七""二五八""三六九"三种,少数为每天早市。中华人民共和国成立前,凡新设集市,必须经族中长老商议,并由几名发起人从邻近的老集市悄悄挖回一包土,埋藏于自己的集市地下或传于祠堂,并沿用这个老集市的当墟日为墟日,俗称偷墟。集市中农副产品交易,如米谷、肉类、蛋类,多数设有牙人,也就是中人或介绍人,如谷牙人、牛牙人等。买卖成交后,由买主付给一定报酬,称牙人钱。中华人民共和国成立后,市场取消牙人,改由工商、税务部门管理。

送水礼(送火饭)

这是一项特殊的习俗。亲戚朋友如有谁家遇上火灾,都是一件伤心事。再富的人家,遇上如此惨烈的天灾人祸,也会变成穷光蛋。这时,亲帮亲、邻帮邻便显示出威力了。众人听说自己的亲戚遇祸,都会尽最大的努力,备了各种生活必需品前往看望。有的买了锅、碗、碟、筷送去；有的将自家的口粮腾出一担，挑了送去；有的备了衣被之类的送去；有的送去犁耙、车插；富裕一些的还会带上几块大洋或者是几十元纸币送去。

这天，祸主家是不款待酒席的，前来送水礼（又叫送火饭）的人最多吃碗茶便辞行归家，万不敢骚扰祸主。祸主自是千恩万谢，鞠躬叩首，对亲戚朋友在自己大灾大难时伸出援手表示万分感谢。

浸种

每年清明节前后，西山万寿宫一带开始进入浸种期。农家有句俗语：清明湿浸种。每家每户都用头年早秆理成长把，一头打结，做成伞状放进谷箩中，再配以乱秆，将几十斤种谷倒进乱秆中，包口，成圆球状，随后丢进村前的水塘中，浸渍几天，然后收回家中待其发芽。待芽尖冒绿时，再播撒到秧田，浸种方算成功。

开秧门

等到秧田中的秧苗长到六七寸时，村民们便开始平整田亩。经过耕耙，待田里的水面不露泥时，便开始动秧兜。这天，各家都要将自家过年时吃剩的糖块带到田上，庆贺开秧门。女人们在家备上好酒好菜款待自家男人及儿女。有的人家

开秧门

还存有过年时吃剩的腊肉腊鸡,也都会炒了、炖了,全家过个开秧节。

游五谷神

游五谷神是西山万寿宫一带的特殊乡俗。每年农历六月初一,一村或几个村的村民会抬着五谷神像,在田头地坝巡游,以祈祷五谷丰登。各家各户还兴做粑饼、米团等庆贺。中华人民共和国成立后,游神像活动消失,但做粑果的习俗依然存在。近年来,随着农村生活水平的提高,这项习俗又开始恢复。

养牛

以前,湖边人家都养牛,如果一个家庭没有牛,就得为自家来年的耕种发愁。牛能拉犁、拉耙、拉牛车,因此,主人都把牛看得很重。到了冬日,搭棚舍,供牛过冬用。遇上冬日严寒,担心牛受不了寒冷,主人会将自家的蓑衣拿来给牛披上抵御寒风,有时还会将自家的被褥给牛披上。农村有句俗语说得好,服侍老牛过寒冬,就是说这事。为了确保公牛都有壮实的体力,帮助牛主人从事田间劳作,拖犁拖耙,每年春后,村里各家各户都会相互

养牛

邀约，聘请骟牛师来给牛骟卵。有些公牛听话，不太在意，骟牛师便顺手一刀，三下五除二将牛卵切割。不听话、暴躁的公牛，使起性子来，见人就顶。这时，主人便会请来族众，将牛团团围住，用木扛之类将牛掀翻在地，然后，骟牛师口叼铁刀，上前就是一刀，这时，牛再暴躁也无可奈何，只能听凭宰割了。割完后，骟牛师便会让主人从家中取来青油，抹于牛屁股边的伤口上，叮嘱这段时间要给牛端水送草，不让它下水，以免感染。

吃新

农历七月初，稻谷逐渐成熟，新谷上场。农民将最早成熟的稻穗收割上来，放在锅里蒸熟，全家人分尝，并备好菜肴，焚香祝贺，喜迎丰收。

吃新仪式十分庄重热烈。头天下午，村众便商议好，以议价的形式购上某家毛猪一头，由族下为首的几位头领，称好猪的重量，并付上银两。随后请来杀猪佬，宰杀肉猪，按斤两剁好，每家每户按人头分上一两斤，以备各家吃新之需。

第二天，村子中家家像过年一般。一大早，女人们就在厨房忙碌，烧肉煮鱼，整个村子充满了肉香味。男人一早洗漱完毕，便将"三牲"端到祖祠，敬请谷神与民同乐，下凡布道。一阵阵爆竹响过，请神仪式结束。

然后，各家的吃新宴也开始了，四盘两碗的菜肴，在当时也算是奢侈的了。大家吃着新米做的饭、粥、粑，一家人其乐融融。

送蚕蛾

蚕蛾破壳产卵后，蚕农即扎草纸船，点上油灯，将蚕蛾放置于船上、荷叶上、鸡头米叶子上，放入池塘或港堰，拜上香火，烧上纸钱，同时唱送蛾歌："蛾公蛾婆，送汝下河，今年去，明年来，岁岁为我添宝财。"

种桑养蚕是早年湖区除田地粮食收入之外的另一种主要收入。这里出的蚕丝质量特别好，很受客商欢迎。村民栽桑养蚕十分讲究，养蚕技术也日臻完善。有的地方搭建的蚕房比自家住的房屋条件还好。对蚕种的培育费尽心思，对丝蚕的繁殖也积累了丰富的经验。在湖乡，人们把蚕看得十分金贵，视同自己的生命一样爱护。

采茶

西山万寿宫一带的沿湖丘陵地带，气候温润，阳光充沛，是茶叶生长的好地方。每年新茶上市季节，众多的采茶姑娘便身穿五色彩衣、背上背篓，在西山万寿宫一带周围的丘陵山地中，收获新茶，同时对以茶歌。青年男女，情投意合，嬉戏欢畅，享受劳作之余的快乐。

戴栀子花

每年四月，是栀子花盛开的时节。西山万寿宫一带盛产栀子花，当地女性不分老幼都插花于头，馨香扑鼻，让人觉得身心舒畅。

私塾义学

早年，西山万寿宫一带的民众重礼好文，在历史上颇有美名。大一点的村子，由族人凑份子，请来私塾先生，在村里的祖堂为后生开课。也有大户人家，请私塾先生到自家土库中授课。由于严教严学，西山万寿宫一带在历史上成就了众多的书香门第。西山万寿宫一带也成了历史上人才辈出、文化兴盛的风水宝地。

隔河骂街

隔河骂街

早年,新建县松湖街有一个特殊乡俗。松湖与石岗隔着锦江,江边有一条渡船方便两个镇的百姓往来。据说有一年除夕,一位长年在外经商的舅舅急匆匆赶回松湖老家探亲,而其外甥也长年在外奔波,甥舅两人恰好在同条船上。由于甥舅久未见面,两人已互相不认识了。外甥受娘的吩咐,端了一碗粥羹去松湖街送给外婆吃。舅舅上船时,不小心与外甥撞了个满怀,将外甥端着的粥羹碰得洒了一船。这下可惹恼了外甥,他将碗一放,指着舅舅的鼻子破口大骂,只差没将舅舅的三代祖宗骂个遍。舅舅也不示弱,同样戳着外甥的脊梁骨骂。两人在船上骂个平手,下了船接着骂。到了松湖街,一直骂进了自家的门,这才知原来是甥舅亲。一家人都为外甥和舅舅的到来感到高兴,但外甥在舅舅面前却羞愧难当,一个劲儿下跪求饶。倒是外婆听了原委后,乐颠颠道:"骂得好,骂得好!不骂,你甥舅两个还不得谋面,这一骂我儿子和亲外孙都来了,不是喜上加喜吗?骂得好,骂得好,以后还要多骂。"

就因为这一场骂架,这年松湖、石岗一带风调雨顺,年成特别好,可谓越骂越发。从此,松湖镇与石岗镇的百姓,总是约定时日在过年之前隔河相骂,而且多是污言秽语,根本不能入耳。这样骂过,两岸的村子都兴旺发达。于是骂也成了一种乡俗。每年除夕,两个镇的百姓操着龙灯,站在河的两岸,相互对骂,骂声此起彼伏,喊声震天,越是亲戚越是指名道姓地骂。有句俗语说:越骂越发,即骂得越难听,下年的收成就会更好。有时一直骂到天亮,嗓子骂哑了,还不示弱,直到两边响了锣鼓,大家方才散去。

8 故事传说

万寿宫是个产故事的地方,许逊更是个有故事的人。这些故事在民间成了经典,也为弘扬净明道道法提供了最好范本。

许逊与乌白二蛟斗法

一日,许真君闲坐西山万寿宫三官殿中,忽有探马来报,说是鄱阳湖地方,有乌蛟、白蛟兴风作浪,搅动满湖河水,欲淹了豫章一带。这之前,此二蛟刚刚起势,正在枭阳之地滚动,使水势上浮。大水被二蛟驱使,兴风作浪,卷家劫舍,已近豫章城外的樵舍。如果让此二蛟作乱,豫章城岌岌可危。

许真君不听犹可,一听大怒:"大胆孽畜,竟敢破了我的地界,看我怎么收拾你!"

许真君全身披挂,带上镇蛟剑和锁蛟链,命人大开山门,摇旗放铳,敲锣擂鼓而行。

许真君一出山门,大吃一惊,只见山门外,就地跪着的难民多如斗蚁,黑压压、乌沉沉一片,真可谓是满地哀声,是处号啕。万民齐呼:"真君搭救,真君救难。"其声恳切,使许真君动容。

许真君发誓："民父、民兄你们等着，我一定制服二蛟，还豫章地方安宁，让百姓安居乐业。"

许真君当下命人在豫章城西赣江边掘井数口，又差人去生米安置斗门二座。如此布置停当，他便带上一拨人马前往鄱阳湖昌邑方向与二蛟对决。

这二蛟也不是省油的灯。平日里，他俩翻手为云、覆手为雨，哪里把许真君放在眼里。尽管有手下人提醒这二蛟，小心在意西山万寿宫的净明道主许逊，可二蛟却轻躁狂妄，毫不在意，极尽搅动浊水之能事，漫堤毁村，作恶无度。

许真君见二蛟仍在作怪，便断喝："二蛟还不赶快作罢，你可知镇蛟剑的厉害？"

真君麾下的张猛也说："二蛟不得无礼，许真君来也。"

乌蛟一愣，收住云头。白蛟却说："乌兄，别听这几个混人胡说，许真君又如何，能吓得住咱们？"白蛟说罢，大尾巴一甩，水势又上涨三分，只听得枭阳县城内，平民百姓在水中挣扎，眼看一个小镇便要沉入水底。

许真君大怒，他将镇蛟剑一挥，竟把白蛟的尾巴斩了一小节。乌蛟见白蛟负伤，就想困住许真君，只见他们三个滚作一团，便在鄱阳湖上空混战开来。但见，剑挥处，金光飞溅；蛟龙出没时，浊浪腾空。好一场恶战！

许真君与二蛟斗法良久，见不分胜负，心下烦躁。加之眼看着百姓在水中栖身，实在过意不去。当即按住云头，跳出阵来，用镇蛟剑斩开自身盔甲一块，吹口仙气，将枭阳百姓尽载于上，送到厂家山嘴，也就是吴城所在。许真君如此做法，真可谓是拯民于水火，以后，民间流传的"沉了枭阳县、立起吴城镇"的说法，这也算是源自于此吧。

这二蛟见许真君败下阵来,愈发得意,当下急起直追,一直把许真君逼到生米。没想到,说时迟,那时快,许真君张口一喷,道家三昧真火朝二蛟猛烧。二蛟没提防,当下便乱了阵脚。狡兔三窟,打不赢便躲呗,二蛟二话没话,便往斗门里钻。

这二蛟不钻不要紧,一钻可就中了许真君的计谋。许真君命人将斗门一关,就开始关门打狗了。不用说,这回二蛟算是完了,跪在斗门中连连求饶。

许真君可全不在乎二蛟的求饶,用锁蛟链把二蛟锁牢,将其押至豫章城西。在早就掘好的沙井边,许真君命人将二蛟沉入井底,画了敕符,使二蛟永世不得翻身。然后,他吹起三昧真火,搅起金沙一片,将沙井填埋得毫无痕迹。

从此以后,豫章安宁平顺,百姓齐颂许逊功德。许逊去世后,百姓塑了许逊金身,供在西山万寿宫中,每年八月前来奉祀,使香火不断。

风云际会九龙山

许逊在降伏蛟龙并将蛟龙锁入西山万寿宫的沙井下后,整个豫章地区的乡民对许逊的功德是人人称颂、个个赞扬,每日前来西山万寿宫的朝觐者络绎不绝,只把许逊奉若神明,敬若福主。

西山万寿宫一带人声鼎沸,自然也惊动了不少神仙圣明,大家都认为许逊这样为民除害、消除水患的义举应该得到肯定,便一致商议,启奏玉帝,将许逊纳入仙家册典。说者无心,听者有意,就在大家议论的当口,这事却让旁边一群护持的小喽啰听了,很不以为然。九个护持都认为,许逊不过凡夫俗子,只是用道法做了几起善事,竟能坐上天庭的交椅，而我们在天宫已护皇寝多年，没有功劳也有苦劳，要入仙籍，论资排辈也该轮到我们。九人私下商定，决计去凡间一趟，给许逊一点颜色看看，一来挫挫这位凡人想当仙家的锐气、欲念，二来也可显示他们九位护持的才华和能力。不几日，当值的秩序册宣布后，他们便趁了自己的假日，相约如期下凡。

这九名护持为五男四女，都属天庭中的龙神系列，是些天真烂漫的龙男龙女。他们风姿绰约，飘飘然降下云彩，来到豫章地界。为首的龙老大招呼大家就地歇息，并让最小的小玉女前去打探许逊的下落。这小玉女便化装成一名村姑，来到西山万寿宫进香。只见这西山万寿宫，爆竹响天、香烟缭绕、人声鼎沸、人流如潮，小玉女加入他们的行列，真成了沧海一粟。小玉女茫然找不到北了。

这小玉女花容月貌，美貌绝伦，自然也就招蜂引蝶。旁边一些纨绔子弟便故意借着人潮，挤到小玉女身边，想占她几分便宜。小玉女又羞又恼，只把自个身子团得紧紧的，自我保护。这些人见小玉女天真可欺，愈发大胆，几个泼皮竟借着酒劲儿，趁着人们拥挤把小玉女团团围住，动手动脚，把小玉女羞得无地自容，又十分惊恐。

再说歇息在豫章城内某客栈的八个小龙，见小玉女去了多个时辰不见回来，其中排第四号的小龙名叫龙兴的，平日与小玉女亲如兄妹，这时，他已像是坐在热锅上的蚂蚁，向龙老大禀报后，坚持要求出去寻找小玉女。龙老大沉思良久，也拿不出好的办法，只好依了龙兴的主意，让他去西山方向寻找小玉女。

龙兴一听龙老大依允，二话没说，驾了云彩，便向西山万寿宫疾驰。这西山万寿宫，偌大的地方，人山人海，要找小玉女，不啻是大海捞针。龙兴一看这场面，真是傻了眼。日近午时，龙兴在人缝中钻、在人海中插，四处寻觅，就是不见小玉女的踪影。

正当他饥肠辘辘，想找个饭馆寻些食料填饱肚皮之际，忽听前面街上闹哄哄，一些不三不四的人直往龙兴身边涌过来。这些人满身污秽，淫言戏语，全无章法。龙兴正要上前看个明白，只听人堆中，一女子大喊"救命啊"，龙兴不听犹可，一听火冒三丈："这不正是小玉女在喊吗？好啊，我正要寻找许逊下落，找他一决雌雄，他竟送上门来。原来，这西山万寿宫就是这等污秽之地，还说他许逊如何为民做主。待我冲进去，救了小玉妹再与许逊理论。"

当下，龙兴便冲进人堆。这些泼皮，见一个后生，竟来砸他们的场，搅了他们的好事，就一哄而上，与龙兴扭打在一起。

龙兴本来武术并不高深，花拳绣腿，再加上他已是饥饿之人，很快就气喘吁吁，寡不敌众，只好眼睁睁看着小玉女被他们调戏，龙兴不得不跳出阵来，驾上云彩，急急去搬救兵。

龙老大见龙兴败阵而归，而且小玉女也未救回，气得火冒三丈。当下，即吩咐各位，披好铠甲，操上各自所用兵器，前去讨伐西山万寿宫。

众龙男龙女不一刻便来到西山万寿宫，当即便在宫前山门边按下云头。大家一拥齐上，就着山门，闹叫着要许逊交出小玉女。同时，手上的家伙也挥舞不停，见了车驾轿台之类，不由分说抬手便砸，见了形迹不对的男女便动粗。好一场血雨腥风，这外面的喧哗声惊动了许逊，他当即便带了张猛等一干人等出宫外，对着龙男龙女，开始布阵斗法。一时间，西山万寿宫飞沙走石，黄沙弥漫。

可惜这八位龙男龙女，相较许逊还是嫩了点。不几个回合，龙男龙女相继成了许逊的手下败将。

许逊开始亲自审问这些龙男龙女。没想到，龙老大的供词和龙兴的供词让他很震惊。他当即吩咐张猛带上人马，前去寻找小玉女的下落。同时，他亦吩咐手下，给八位龙男龙女松绑，好茶好饭款待。

张猛等人出去不久，便将一干泼皮抓获并救出小玉女。

许逊当即传令，将一干泼皮无赖全部处以极刑，用竹笼将他们装了，沉进赣江。命张猛为巡街大使，每天带了人马在西山万寿宫街上巡视，发现首恶，当即严惩。

龙男龙女见许逊如此仗义，道行真的不浅，都异常崇拜许逊。歇息几日后，他们不约而同提出，要向玉帝请旨，愿在西山给许逊当护持。

从此，西山万寿宫山门对面，九龙化为九座山峰，为许逊守圣。九龙山因此得名。西山万寿宫，香火更盛，许逊的声名愈发远播五湖四海。

许真君三遇吴彩鸾

吴彩鸾是天宫的仙女，生得如花似玉。每日里，在天宫陪玉帝，乐舞欢歌，筵宴玩乐，日子久了，便心生厌倦。这天，她独自步出宫门，在天庭凭栏俯视人间，只见云过处凡世绿水青山，五颜六色，景致甚是吸引人。

吴彩鸾心想："何苦这样长灯厮守，陪伴这天宫清规戒律，被约束得浑身不自在。不如略施小技，在玉帝面前撒谎告假，去人间潇洒一趟，也不枉这一生啊！"

吴彩鸾去意已决，便在第二天早朝时，禀报玉帝："吾皇万岁。彩鸾近日得报，王母娘娘要小女前往陪侍几日，请吾皇恩准。"

玉帝听罢，乐了，笑着说："难得彩鸾有这份孝心，既然是探望王母，哪有不准之理，去吧、去吧，乐意便多住几日无妨。"

吴彩鸾一听，心中窃喜。只待早朝毕，便急急回到自己的寝宫，交代随侍女童，任何外人问起，不得说出行踪。她独自轻装简从，从天宫后门偷偷出天门，驾了祥云，朝人间疾飞。

吴彩鸾别了天宫，来到人间，见了什么都新奇。时不时折束花，插在头上摇摆；时不时折根柳枝，欣然翩翩起舞。

一日，吴彩鸾来到豫章城，只见满街小摊小贩云集，货物琳琅满目，她是见什么爱什么。吴彩鸾打扮得花枝招展，香风一路，早惊动了路人。其中，几个恶少见吴彩鸾苗条美貌，早已垂涎三尺。当下，几个人臭味相投，商量设局调戏这年轻女郎。

这群恶少，跟着彩鸾一路前行。一个文弱痞子急不可耐，上前扯住吴彩鸾道："喂，姑娘，找伴否，我倒想陪陪你。"

"陪我？"吴彩鸾见其长得骨瘦如柴，已是心下不悦，便说："我一个人走得自在，何苦劳驾你陪。"

另一个胖墩恶少，平日里偷鸡摸狗惯了，看着吴彩鸾长得艳而不俗、秀色可餐，早按捺不住欲望的驱使，见吴彩鸾不肯就范，一把揪住吴彩鸾，就是不让她走。

"让你做我们几个的老婆，陪我们乐一乐你还不赏脸，不识好歹吗？"

吴彩鸾见众恶少一脸凶相，意欲动手，就责骂道："光天化日，你们敢动强？"

"有什么不敢？"有个白脸痞子，上前搂住彩鸾便唷。

吴彩鸾动怒了。她还没有碰到这样不识相的东西，一个扫堂腿过去，几个恶少全趴下了。

当下几个恶少见敌不过吴彩鸾，只好自认倒霉，作鸟兽散。

散归散，到了另一条街上，几个恶少又心生一计，要捉弄吴彩鸾。

中午，吴彩鸾饿了，便就近找了个店家，喝碗稀粥，填饱肚子。

谁知，这几个恶少逼了店家，竟在吴彩鸾的粥中放了蒙汗药。吴彩鸾刚喝完粥，便昏睡了过去。

几个恶少好不得意，当下扛起吴彩鸾，打起飞脚，朝外奔去。

此时，正好许真君自县郡拜门意欲回西山本宫，路过城中街上，听到人们指点几个恶少的行为。不听犹可，一听当即上前，用锁蛟链将几位恶少打散，救出吴彩鸾。

许真君驾祥云将吴彩鸾带回西山万寿宫，取出道院珍藏解药，让吴彩鸾服下。很快，吴彩鸾便苏醒过来。

真君门人将刚才发生的事情告诉吴彩鸾后，吴彩鸾感激万分，不由得将许真君多看了几眼。只见许真君粗眉大眼，天庭开阔，人高马大，决非等闲之辈，心下在感激之余，也不由得泛起爱慕之心。不过，吴彩鸾将此心思压抑了许多。一则，第一次见面，了解不深；二则，男女授受不亲，也难于启齿。她只好对许真君说："我乃一民女，只想云游四海，待十年八载后，返乡与兄谋面，再表谢意。"许真君虽是净明道主，并未脱凡俗，但是对吴彩鸾也只是一种救人的意愿而已，当下便应允吴彩鸾再度出门上路。

吴彩鸾继续前行。一日，来到鄱阳湖水面，昌邑地界。突然，只觉得四周云涌，雾锁烟迷，遍地是水，只容一身之地，让吴彩鸾前行不得，后退无路。在这荒郊野地，吴彩鸾懵了。

就在此时，突然杀进一班人马来。这些人皆穿紫红袍，手拿红叶剑，与白雾、白水展开格斗。

你道这白雾、白水何物也？原来是一头白蛟精，见吴彩鸾生得美貌动人，心生邪念，欲与吴彩鸾成就好事。没想到，在这危急关头又是许真君相助，拼死相救来了。

这白蛟哪是许真君的对手，不一会儿，便被许真君杀得丢鳞去甲，最后只得俯首就擒。许真君把白蛟用锁蛟链锁了，丢进万寿宫的锁蛟井中，叫它永世不得翻身。

两次相救，吴彩鸾情不自禁，泪水涟涟，不停地感谢许逊，而且感激话语中又多了几分情意缠绵："仁兄如此尽义搭救小女，小女知恩不报，怎当得人名，只要仁兄高看，小女情愿……"

许真君不待吴彩鸾言毕，急忙阻拦道："别、别、别，此言差矣，我许逊救人如救己，看你孤身一人上路，只怕又有劫数，差人跟在你身后，只要有响动，许逊定当护卫，这也是净明道教规所述，千万不要有其他念头。你如游心未泯，还请上路。"

吴彩鸾不听犹可，一听热泪盈眶，纳头便拜。

辞别了许逊上路，吴彩鸾还真体会到了人间这火热的人情味，心下虽苦犹甜，许真君的形象在她脑海里怎么也抹不掉。

这天，吴彩鸾乘船来到鄱阳湖彭泽地方水域。只见石钟山山上亭榭飞檐，山下钟乳齐鸣，既好看又好听，便忙叫船家靠岸，她要上山观景。

上得石钟山，只见鄱阳湖一览无余，吴彩鸾更是觉得这水天辽阔，别有洞天。

吴彩鸾玩兴甚浓，山上山下四处游走，不知不觉，天已近黑，她开始找船家了。

可是，怎样找，吴彩鸾就是找不到船家。

突然，一条巨蟒靠近吴彩鸾，将吴彩鸾裹住。

吴彩鸾慌了神，连呼救命，可这孤岛水阔，哪有人应。

眼看这巨蟒将吴彩鸾越裹越紧，吴彩鸾吓得七魂丢了三魄，全身像筛糠一样发抖，只哭着呼救。

也是苍天有眼，只见暗光中，一把血红宝剑飞来，正中蟒身，巨蟒倒下。

吴彩鸾得救了。定睛一看，这救者不是别人，正是许真君。

吴彩鸾激动得扑在许真君怀中，昏了过去。

许真君吹口仙气，将吴彩鸾救醒。两人找到吴彩鸾上山来时的船家，两人相互搀扶上了船，只朝赣江而行。不日，来到西山，拢船靠岸。

这一回，吴彩鸾实在是不想走了。许真君劝道："仙姑还是回天庭吧。"

吴彩鸾一惊，忙问："你怎么知道我是天上仙姑。"

许真君笑了："真人面前不说假话，回去吧！玉帝已到处找你呢。如果你舍不得这豫章地方，你就在梦山附近修炼，我让人给你筑一神坛，就叫仙姑坛。方便之时，便下来小住几日，会会我这老朋友，如何？"

吴彩鸾一听，连连称赞好主意："待我奏明玉皇大帝，你也上天庭，这样，我们天上人间，携手并进，不是更好吗？"

"好，好，好。"许真君也为吴彩鸾的好主意击节而呼。

吴彩鸾走了，带着一腔真情。

不久，许真君果然带着家人四十二口，在农历七月十四日，携鸡犬一道升天。

许真君的"净水"

许真君在四川治水得到老百姓赞许，回到江西，在新建西山安家。

他长年在外踏山勘水，很习水性。回到新建，最让人觉得奇怪的是，他经常上山采一种花岗岩煮水喝。这水不仅自己喝，连他的家人也喝。

不喝不要紧，一喝这许家营的人都神清气爽，耳聪目明。这事一传十、十传百，很快便在四湖八县传开了，于是，远近男女便纷至沓来，都到西山许家营求水喝。

许真君来者不拒。他命人在大场中架了几口大锅，没日没夜地煮水。远近的百姓随到随要，有用竹筒盛的，有用瓦罐装的，有用葫芦灌的，带回家喝，果然灵验。有小灾小病的，喝了许真君的水，病便好了。有重病在身的，喝了几日病就见好转。人们都说这许家的水神了。

于是人们便把许真君当神灵一样崇拜，大家来西山的同时，便常有人将做好的糕点、织好的衣物送给许真君。许真君坚决不接受，实在无法拒绝的，他就把这些物什送给那些穷得叮当响的苦人家。

大家感恩戴德，都说许真君不仅治水，而且用神水护佑百姓。于是，大家便把这种水叫作许真君的净水。从此以后，四湖八县的人们都来到西山万寿宫朝觐，尊崇他为神主菩萨。许真君升天后，西山万寿宫门口那口井就成了人们来西山万寿宫的求水之处。也真怪，这井里的水也和许真君煮的水一样，非常灵验。日复一日，年复一年，在西山万寿宫，人们祭拜许真君的香火一年比一年更旺了。

其实，这种水，是含有一种微量元素。科学研究表明，喝了这种水，对人确实很有裨益。

后 记

捻亮心灯,捧上一份炽烈,将乡音、乡情在心间焐热,世界便变得明亮了。

心灯照亮的并不仅是自己,淡淡的光亮发散,照得见松竹摇曳,照得见狗吠猫喵,灯下的情景便热闹起来了。我相信自己捧上的是一片赤诚,是对父老乡亲的一份眷念,是对祖宗先辈最好的香火祭奠。人对自己熟悉的生活总是有着刻骨铭心的记忆,将这种记忆收进行囊中,漫步远行,生活似乎便有滋有味。身边的西山万寿宫,在历史的岁月中,香火燃烧出神奇的乡音、乡俗。净明道的力量席卷了文道、商道、官道,描摹出一幅特殊的乡俗图画。醉心于这样的氛围,每每揪动灵魂的神经末梢。

《龙山道影:西山万寿宫旧俗》终于面世,成为人们手中一杯醇香浓烈的功夫茶,让人们于茶余饭后能够有个展读几句的文本,也让后来者能够接受乡俗的洗礼,得到一份启迪。

心灯既然点亮就不想让它熄灭,我祈求于道教神明的点化,也祈望从乡俗中摄取再续心灯的香油,使心灯长明不熄。

感谢中州古籍出版社众位同仁,为此书所做的各种努力,也感谢美术家吕建陶先生在八十岁高龄之际,为这本书做插图,给这本书增色不少!

但愿读者喜欢!

作者

2017 年初夏

图书在版编目（CIP）数据

龙山道影：西山万寿宫旧俗 / 陶江著. — 郑州：中州古籍出版社，2018.11
（华夏文库民俗书系）
ISBN 978-7-5348-8050-6

Ⅰ.①龙… Ⅱ.①陶… Ⅲ.①道教－寺庙－风俗习惯－新建县 Ⅳ.①B957.256.4 ②K892.456.4

中国版本图书馆CIP数据核字（2018）第238987号

华夏文库·民俗书系
龙山道影：西山万寿宫旧俗

总 策 划	耿相新　郭孟良
项目协调	单占生
项目执行	萧　红
责任编辑	赵建新　翟　楠
责任校对	刘丽佳
封面设计	新海岸设计中心
版式设计	曾晶晶
美术编辑	王　歌

出　版	中州古籍出版社
	地址：河南省郑州市经五路66号
	邮编：450002
	电话：0371-65788693
经　销	新华书店
印　刷	河南新华印刷集团有限公司
版　次	2018年11月第1版
印　次	2018年11月第1次印刷
开　本	960毫米×640毫米　1 / 16
印　张	12.25印张
字　数	150千字
定　价	38.00元

本书如有印装质量问题，由承印厂负责调换。